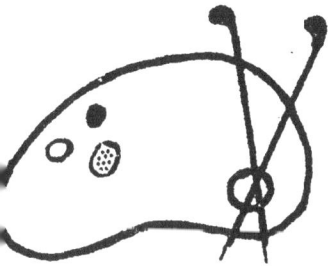

Couvertures supérieure et inférieure
en couleur

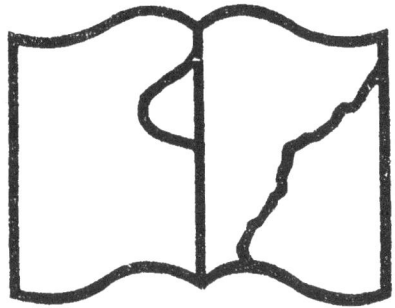

Texte détérioré — reliure défectueuse
NF Z 43-120-11

LIVRE D'OR

DE LA NOBLESSE

LUXEMBOURGEOISE

OU

RECUEIL HISTORIQUE, CHRONOLOGIQUE GÉNÉALOGIQUE & BIOGRAPHIQUE

DES

FAMILLES NOBLES DU LUXEMBOURG
ANCIEN & MODERNE

PROVINCE & GRAND-DUCHÉ DE LUXEMBOURG, COMTÉ DE CHINY
DUCHÉ DE BOUILLON, &ª, &ª

par le

CHEVALIER P.-N.-C.-C.-A. DE KESSEL

Membre collaborateur de la Revue Internationale d'Histoire
et d'Archéologie héraldique : *Le Héraut d'armes ;* Membre
correspondant de l'*Annuaire de la Noblesse et des Familles
patriciennes des Pays-Bas ;* de la Société paléontologique
et archéologique de Charleroy ; &ª, &ª.

ARLON | LA HAYE
EVERLING, LIBRAIRE | MARTINUS NIJHOFF

BRUXELLES
IMPRIMERIE DE TOINT-SCOHIER, RUE DE LA COMMUNE. 11

1869

LIVRE D'OR

DE LA NOBLESSE LUXEMBOURGEOISE

BIBLIOTHÈQUE HÉRALDIQUE

LIVRE D'OR

DE LA NOBLESSE
LUXEMBOURGEOISE

ou

RECUEIL HISTORIQUE, CHRONOLOGIQUE
GÉNÉALOGIQUE & BIOGRAPHIQUE

DES

FAMILLES NOBLES DU LUXEMBOURG

ANCIEN & MODERNE

PROVINCE & GRAND-DUCHÉ DE LUXEMBOURG, COMTÉ DE CHINY
DUCHÉ DE BOUILLON, &ᵃ, &ᵃ

par le

CHEVALIER P.-N.-C.-C.-A. DE KESSEL

Membre collaborateur de la Revue Internationale d'Histoire
et d'Archéologie héraldique: *Le Héraut d'armes*; Membre
correspondant de l'*Annuaire de la Noblesse et des Familles
patriciennes des Pays-Bas*; de la Société paléontologique
et archéologique de Charleroy; &ᵃ, &ᵃ.

ARLON | LA HAYE
J. EVERLING, LIBRAIRE | MARTINUS NIJHOFF

BRUXELLES
IMPRIMERIE DE TOINT-SCOHIER, RUE DE LA COMMUNE, 11

1869

Les documents relatifs à l'histoire de l'ancienne Chevalerie luxembourgeoise sont devenus bien rares. Les guerres civiles, des XVIme et XVIIme siècles, ont commencé le ravage qui fut porté à son comble à la fin du siècle passé par l'invasion française en Belgique. Le parchemin était regardé par le conquérant comme une excellente matière à cartouches; on se rua avec avidité sur les archives des vieilles cités et des monastères, des confréries et des églises, et la plus grande partie fut consumée par les mousquets et les canons de nombreuses armées.

Cette ancienne chevalerie, devenue si rare aujourd'hui, était une race pour ainsi dire à part : elle ne comprenait pas toute la chevalerie, c'est-à-dire tous ceux qui portent le titre de chevalier ou d'écuyer par lettres patentes, par faveur ou par accolade. C'étaient les descendants des premiers Francs, des vainqueurs,

des envahisseurs de la Gaule. Ils puisaient leur origine dans la conquête; le roi, le duc n'étaient que
leur chef pour la conduite et la défense commune.
C'était de concert avec eux qu'ils faisaient la paix ou
déclaraient la guerre; qu'ils rendaient la justice et
réglaient toutes les affaires de l'État et des particuliers.

La noblesse de race, dans le Luxembourg, était aux
temps anciens indélébile et éternelle sous la seule condition de conserver la pureté des alliances; cette
réserve n'avait pas été prescrite par l'orgueil ou la
vanité; mais elle avait été dictée par l'antipathie que
nourrissaient les familles féodales contre celles des
familles vaincues ou serves.

Au moyen-âge, où la féodalité florissait dans toute
sa vigueur, les diverses contrées formant le Luxembourg
étaient possédées par cette ancienne chevalerie; au premier rang de ces puissants seigneurs figuraient : le
Prince-évêque de Liége, duc de Bouillon; le marquis
d'Arlon; les comtes de Chiny, de Laroche, de Salm,
de Durbuy, de Vianden, de Montaigu, de Wiltz, de
St-Vith, d'Orchimont, de Rochefort, de Dasbourg, de
Manderscheidt; puis venaient les sires de Kœurich,
de Cugnon, d'Herbeumont, de Batembourg, de
Remich, de Septfontaine, de Ruland, d'Houffalize, de
Beauraing, de Soy, de Thionville, de Mirwart, d'Usseldange, de Roussy, de Larochette, de Rodema-
cheren, d'Esch, de Soleuvre, de Moestorff, de Mayl-

berg, de Berbourg, de Differdange, de Kettenhoven, de Mameren, de Sterpenich, de Stockhem, de Neufchâteau, etc., etc.

Le système de dérogeance en matière de noblesse, s'établit seulement sous le règne d'Albert et d'Isabelle, par l'influence toute puissante des Espagnols. Les familles qui avaient joui de temps immémorial d'une considération nobiliaire, ont obtenu depuis cette époque des lettres patentes de chevalerie ; un anoblissement aurait été un mensonge et une injure.

Le Duché de Luxembourg et comté de Chiny, ce berceau de l'établissement féodal, comportait alors :

Deux marquisats : Arlon et le Pont d'Oye.

Neuf comtés : Chiny, — La Roche, — Montaigu, — Manderscheid, — Rochefort, — Roussy, — Salm, — Vianden et Wiltz.

Sept baronies : Houffalize, — Jamoigne, — Brandenbourg, — Meysembourg, — Boinmal, — Soleuvre et Ansembourg.

Quinze prévôtés : Luxembourg, — Arlon, — Bastogne, — Biedbourg, — Chiny, — Diekirsch, — Durbuy, — Epternach, — Etalle, — Grevenmacher, — Marche, — St-Mard, — Orchimont, — La Roche et Virton.

Deux cents seigneuries fieffées ou arrière fieffées, avec près de cent vingt châteaux.

Les États y étaient composés de trois ordres :

1° *Les pairs ecclésiastiques* : Les abbés de Saint Maximin, terre d'Empire, près de Trèves, d'Epternach, de Munster, dans la basse ville de Luxembourg et d'Orval; suivis d'abord des abbés, non titrés, de St-Hubert, de Stavelot, de Pruim, du prieur du monastère des Écoliers, ordre de St-Augustin à Houffalize; ensuite des voués des abbayes de femmes : Bonnevoye, Differdange, Clairefontaine, Hoffin, Juvigny, Marienthal; puis enfin les titulaires de dix prieurés : Chiny, Muno, Usseldange, Aywaille, Longlier, Vaux-les-Moines, Marville, etc.; de deux chapitres de collégiales : Ivoix ou Carignan et Nassogne; de ceux de deux personnats et enfin les représentants de trente communautés religieuses et de treize doyennés.

2° *La haute noblesse*, précédée des *pairs laïcs*, fieffés ou non fieffés, tels par exemple, dans le comté de Chiny, que les seigneurs de Messancourt, Aufflance, Lombut, Malandry, Pourru-au-bois, Tassigny et Villy dont les antiques maisons fortes avaient été baptisées *filles* ou *petites filles* d'Ivoy. (Jeantin. — *Ruines et Chron. de l'abb. d'Orval*, p. 59.)

3° *Les membres du conseil suprême* : Un gouverneur, un président, deux conseillers d'épée, huit conseillers de robe, non compris les surnuméraires, un procureur général, un greffier; ensuite les titulaires en chef des quinze balliages ou prévôtés, enfin les bourgmestres de ses principales villes au nombre de 24, mais réduites à 19 après le traité des Pyrénées.

Waléran, comte de Luxembourg et la comtesse Ermesinde, en février 1223, établirent la charge de Maréchal des nobles, dont ils revêtirent un chevalier belliqueux, Henri de Daun. Le titulaire de cette dignité, devenue héréditaire, était chef de l'État noble et la seigneurie de Densborn ou Densbourg y était attachée. Il jugeait les différends de la noblesse et condamnait les perturbateurs du repos public à certaines peines et amendes.

L'État noble était composé de la première noblesse du pays ; pour faire partie de ce corps, le récipiendaire devait être possesseur d'une terre avec haute justice, située dans la province de Luxembourg, être âgé de vingt-cinq ans, et prouver *deux quartiers* nobles tant du côté paternel que du côté maternel ; il suffisait que l'aïeul paternel et maternel de l'aspirant aient été anoblis ou noblement alliés ; celui dont le père, l'aïeul, le bisaïeul et le trisaïeul en ligne masculine étaient nobles ou étaient tenus pour tels, du moins pendant les cent dernières années sans avoir fait aucun acte dérogatoire, était admis moyennant la preuve qu'entre ces quatre ascendants paternels, il y avait eu deux alliances nobles, au quel cas et en considération de l'ancienne noblesse de la province, l'aspirant était dispensé de faire la preuve des quatre quartiers nobles.

Afin de faire mieux comprendre la position des familles admises à l'État noble du duché de Luxembourg et comté de Chiny, au siècle dernier, nous donnons ici un extrait de ses procès-verbaux :

« Résolutions prises en l'assemblée générale des États du Pays, Duché de Luxembourg et comté de Chiny, tenue par ordre de Son Altesse Électorale, de la part de Sa Majesté, en la ville de Luxembourg, le huit du mois d'avril mil six cent quatre vingt huit, et jours suivants.

Il a été résolu entre autres par le dit État noble, en particulier, le dit jour huit d'avril, d'admettre et recevoir au dit État :

Maximilien, comte *de Manderscheidt*, seigneur de Keyll et Bettingen ; — Albert, comte *de Kœnigsegg*, à titre de comte de Roussy ; — Jules-Auguste, comte *de la Marck*, seigneur de Boulogne ; — Adrien-Gérard, comte *de Lannoy*, seigneur de Clervaux ; — Charles-Philippe, comte *de Hasselt*, baron de Jamoigne ; — Guillaume-Oger, comte *de Rivière*, seigneur d'Houffalize ; — Charles, comte *d'Argenteau*, seigneur d'Ochain ; — Conrad, baron *de Bœtselaer*, seigneur de Villers devant Orval ; — Maximilien-Henri, comte *de Hamal*, seigneur de Focant ; — Léonard-Claude, baron *de Landres*, seigneur de Ruette ; — Jean-Michel *de Wapersnow*, seigneur de Laval et Bazeilles ; lesquels ont tous pareillement prêté le serment accoutumé en présence de toute l'assemblée du dit corps ; de même ont été dénommés :

Albert, comte *de Kœnigsegg* ; Julien-Auguste,

comte *de la Marck*; Adrien-Gérard, comte *de Lan-noy*; Charles-Philippe, comte *de Hasselt*, baron de Jamoigne; Jean-Everard, vicomte *d'Harnoncourt*, seigneur de Ville et Théodore *Mohr de Waldt*, seigneur de Peterwald et de Richemond, pour examiner les requêtes et titres des prétendants à être reçus aux dits États nobles.

Le 10 du dit mois, Philippe-Ernest, comte *de Manderscheidt*, seigneur de Keyll, a été reçu et a prêté le serment accoutumé. — Le même jour après que les seigneurs commissaires ci-dessus nommés, ont eu examiné les requêtes et titres de chacun des prétendants, ensemble les notices, tenues en l'assemblée du 4 novembre 1683, pendant le blocus de cette ville et nécessité pressante, touchant la réception des sieurs Jacques-Ignace *de Cassal*, seigneur de Fischbach; Maximilien *de Baillet*, seigneur de Latour, de Bubingen, et ensuite fait leur rapport au corps de l'État noble, et par celui-ci le tout mûrement considéré, il a été résolu que ledit seigneur Jacques-Ignace *de Cassal*, seigneur de Fischbach, sera reçu à condition de quitter sa charge de robe longue au conseil de cette province; et messieurs Jean-Baptiste *de Baillet*, seigneur de Latour, fils du précédent Maximilien *de Baillet*, et Charles-Guillaume *d'Arnoult*, seigneur de Schengen et de Berbourg, seront pareillement reçus et leurs enfants, moyennant qu'ils ne s'allient à des familles qui ne soient suffisamment qualifiées pour être reçues au dit État noble; autrement si iceux ou aucun autre seigneur du dit État, selon qu'il a été unanimement résolu et arrêté, venait à se mésailler, ou leurs enfants et descendants, avant d'avoir à chaque fois soumis à l'examen leurs qualifications par devant le dit État-noble ou les commissaires qui pourront leur être donnés à ces fins, lesquelles résolutions et conditions ayant été proposées et communiquées aux dits sieurs *de Cassal*, *de Baillet*, *d'Arnoult* et autres récipiendaires ci-après nommés, ils ont tous déclaré, les accepter et s'y soumettre volontairement pour s'y conformer avec les autres seigneurs du dit État ; suivant ce, ils ont été admis, savoir :

Jacques-Ignace *de Cassal*, seigneur de Fischbach ; — Jean-Baptiste *de Baillet*, seigneur de Latour ; — Charles-Guillaume *d'Arnoult*, seigneur de Schengen ; — Louis-Joseph *de Coppin*, seigneur de Beausaint ; — Georges *de Mozet*, seigneur de Grunne ; — Albert-François, baron *de Pallant*, seigneur de Lussen et Wolfelde ; — Charles *de Stein*, seigneur de Falckenstein ; — Jean-Thomas *L'Hon*, seigneur de Folkendingen ; — Albert-Ernest, comte *de Suys*, seigneur de Montquintin ; — Jean-Philippe *de Ghenart*, seigneur de Sohier ; — Sébastien *Baur*, seigneur d'Everlange ; — François *de Burthé d'Aspelt* ; — Alexandre-Ernest *de Vaucleroy*, seigneur de Guirsch ; — Augustin *de Lardenois de Ville*, seigneur de Naomé ; — Henri-Otto *de Roben*, seigneur en partie de Bourg-Linster ; — Corneille *de Harbonnier*, seigneur de Cobraiville et Nantimont ; — don Pedro *Gallo de Salamanca*, seigneur de Laval et Remagne.

Ayant en outre été convenu unanimement que ceux qui prendront à l'avenir l'entrée dans le dit État noble, seront obligés de faire preuve de *quatre quartiers* du

côté paternel et *quatre quartiers* du côté maternel;
bien entendu à l'égard de ceux qui y sont présente-
ment que leurs enfants et descendants seront obligés de
prouver seulement qu'ils ne sont pas mésalliés : et
pour que les présentes résolutions soient toutes plus
fermes et irrévocables, tous les seigneurs du dit État
noble, en la présente assemblée, ont signé le présent
acte à Luxembourg, 11 avril 1668. »

On sait que Philippe V céda la souveraineté du
duché de Luxembourg et du comté de Namur à l'électeur de Bavière, précédemment vicaire général des
Pays-Bas. — Maximilien-Emmanuel de Bavière,
inauguré comme souverain à Luxembourg en 1711 et à
Namur en 1712, rétrocéda ces pays par le traité
d'Utrecht du 11 avril 1713. Pendant son administration
éphémère, il avait fait en matière de noblesse, les
concessions suivantes : de Geisen, chevalerie, 29 mai
1712 ; — Thierry, 18 mai 1712 : — de Namur, 18 mai 1712 ;
Knepper, 29 mai 1712 ; — Neunheuser, 29 mai 1712 ; —
Thierry, 3 juin 1712 ; — Bocholtz, 1er décembre 1712 ;
dont les impétrants prétendirent se prévaloir en vertu
de l'article 9 du traité du 3 avril 1725, conclu entre
l'Empereur et le roi d'Espagne, article qui stipulait
que les dignités conférées de part et d'autre, pendant
la guerre, seraient conservées et reconnues.

La Noblesse luxembourgeoise, pour la majeure
partie, exploitait ses terres et jouissait du droit de
terrages, de colombier et de chasse. — Les demeures

XIV

des manants ne pouvaient s'approcher ni être construites de la même manière que celle du seigneur qui s'appelait château.

Elle jouissait aussi de prérogatives et priviléges qui différaient selon l'usage et les localités, nous citerons entre autres :

1° L'accensement, qui consistait à accorder des terres sur les biens communaux, moyennant un rendage au profit du seigneur.

2° Les constructions nouvelles ne pouvaient avoir lieu sans la permission du seigneur auquel on payait un cens ou redevance à son profit.

3° Dans les parts d'affermages, ils avaient droit à une part de bois et d'écorces plus forte que celle des autres habitants.

4° Droit aux fêtes d'ouvrir le bal et de danser les premiers.

5° Droit à l'église au banc du seigneur, qui consistait en une place d'honneur, le prêtre devait leur présenter l'eau bénite.

6° Droit d'inhumation dans l'intérieur des églises, etc.

Les seigneurs, titulaires de fiefs, composaient la cour féodale et jugeaient l'épée au côté.

Nous terminons en recommandant notre travail à la sympathie de ceux de nos compatriotes qui savent que les glorieux souvenirs du passé exercent l'influence la plus salutaire en faveur du patriotisme et de la nationalité.

Un des grands écrivains de ce siècle a dit : « quelque soit le prix que l'on attache aujourd'hui à la science généalogique, on doit avouer qu'elle jette souvent un grand jour sur l'histoire des familles illustres et quelquefois sur l'histoire générale du pays auquel appartiennent ces familles. »

Notre principal mérite, si l'on veut bien nous en reconnaître, sera d'avoir recueilli et mis en ordre bon nombre de matériaux que l'on n'avait pas, jusqu'ici, suffisamment utilisés. Il se peut qu'à notre tour, nous ayions encore négligé beaucoup de choses importantes ; nous accepterons donc avec reconnaissance toutes les observations qu'on voudra bien nous adresser, et nous en ferons au besoin notre profit.

Dinant, décembre 1869.

ALLAMONT (D')

ARMES : De gueules au croissant d'argent, au chef de même, paré d'un lambel de trois pendants d'azur. *Cimier :* Deux têtes de chien braque d'argent adossées, aux côtés de gueules bordés d'or, aux annelets de même liés ensemble.

L'ancienne et chevalereuse maison d'Allamont est originaire de Lorraine, elle vint s'établir dans le Luxembourg vers la fin du xve siècle, elle y a possédé les terres de Malandry, de Brandeville, etc., etc., arrière fiefs luxembourgeois ; elle a fourni des titulaires aux plus hautes charges du pays ; des gouverneurs de Montmédy, des députés à l'État-Noble, des justiciers des nobles, des prévôts de Luxembourg, de Bastogne et d'Ardennes, etc., etc.

II. Pierre d'Allamont, fils de Ferguignon, épousa Philippotte *du Chauffour*, fille unique et dernière héritière de Didier, seigneur de Malandry, tué à la bataille de Bilgneville en 143r, et de Mariette *de Conflans*, dont :

1° Nicolas d'Allamont, seigneur du dit lieu et de Vandleville, épousa Marguerite *d'Argies*, dont :

Didier d'Allamont, chevalier, seigneur du dit lieu, de Vandleville et de la cour de Batilly, père de :

    a. Marguerite, mariée à Jean *de Nourgailles*, ou *Noirefontaine ;*

    b. Idron, mariée à Georges *de Failly*, seigneur du dit lieu.

2° Jacques, qui suit ;

3° Didier d'Allamont, prieur de Saint - Dagobert à Sathanay.

III. Jacques d'Allamont, seigneur de Malandry, Chauffour, Quincy, La Mouilly, épousa Jeanne *d'Avaumay*, dont :

IV. Jacques d'Allamont, seigneur de Malandry, Chauffour, Quincy, vivait en 1480, épousa Catherine *de Champy*, dont :

V. Jean d'Allamont, seigneur de Malandry, Chauffour, Quincy, Haut et Bas-Champy, Masseige et Monthois, lieutenant capitaine et prevôt de Stenay, épousa :

1° Marie *de Pavant*, fille de Jean et de Marie-Marguerite *de Chinery* ; 2° le 13 novembre 1531, Marguerite, dame *de Gomery*. Il gît avec sa première femme, Marie *de Pavant*, dans la Chapelle de Saint-Jean de la famille d'Allamont, à Sathanay. Il laissa de son premier mariage :

1° Jean, prieur de Saint-Dagobert, à Sathanay ;

2° Antoine, qui suit ;

3° Jacques, épousa Nicole *de Chamisot*, dont :

    Antoine d'Allamont, marié le 17 octobre 1603, à Antoinette *de Stainville*, fille de Joachim, et de Marie *de Rouvroy*. Ils eurent entr'autres enfants, Charles d'Allamont, époux de Bonne *d'Épiney*, dont la fille Antoinette d'Allamont, fut mariée à Jacques *de Pons de Rennepont* ;

4° Nicole religieuse à Marienthal ;

5° Anne, abbesse de Juvigny ;

6° Louise, dame de Messaincour, épousa Jacques *de Laittres*, seigneur de Bazeilles, conseiller et rece-veur-général du duché de Luxembourg pour l'empereur Charles-Quint ;

7° Marguerite, mariée à Guillaume *de Villiers*, fils de Jacques et de Louise *de Grandpré*.

VI. Antoine d'Allamont, dit *le Grand Malandry* ; seigneur de Malandry, Chauffour, Quincy, né en 1515, colonel d'infanterie wallonne, conseiller de guerre du roi Philippe II, gouverneur, capitaine et prévôt de Montmédy, membre du siége des nobles de Luxembourg, mourut le 13 février 1598, et gît à Montmédy, il avait épousé, le 30 décembre 1547, Ide *de Custine*, morte le 10 mars 1560, fille de Jacques, seigneur d'Auf-flance, et de Jacqueline *de Ficquelmont*, dont :

1° Jean, qui suit :

2° François, seigneur de Chauffour, Preutin et Champy, capitaine, gouverneur de Dampvillers, épousa Claudine *de Housse*, dont :

    a. François d'Allamont, seigneur de Chauffour, Champy, Neuville, Breux, prévôt de Luxembourg, épousa Madelaine *de Nettancourt*, veuve de Nicole *de Pouilly*, fille de Louis, et de Françoise *de Beauveau*. Ils eurent :

        aa. Florimond d'Allamont, chevalier, seigneur de Chauffour, Champy, Neuville, Breux, Juvigny, colonel de cavalerie au service du duc Charles de Lorraine, gouverneur de Pont-à-Mousson, épousa Anne-Marguerite *d'Argenteau*, fille de Florent, et d'Anne *de Brandenbourg*, dont : une fille, Marie-Christine d'Allamont, mariée à Pierre-Ernest, baron *de Mercy*.

b. Marie-Christine, religieuse à Marienthal ;

c. Claudine, épouse de Philippe *des Armoises*, seigneur d'Hanoncelles ;

d. Anne, religieuse à Verdun.

3º Jacques, chanoine et doyen d'Ivoy ;

4º Louise, mariée le 29 avril 1585 à Arnould *de Failly*, fils de Christophe, et de Barbe *de Housse* ;

5º Marguerite, épouse d'Albert *d'Orey*, seigneur de la Neuville, fils de Guillaume, et de Rose *de Bernard*.

VII. Jean d'Allamont, baron de Bussy, seigneur d'Allamont, Malandry, Brandeville, Dompierre, Quincy, gouverneur, capitaine et prévôt de Montmédy, mourut le 8 janvier 1617, âgé de 69 ans, et fut inhumé à Montmédy. Il épousa le 18 novembre 1589, Philiberte *de Lenoncourt*, chanoinesse de Remiremont, fille de Bernardin, et de Claudine *de Choiseuil*. Ils eurent pour enfants :

1º Jean qui suit :

2º Théodore d'Allamont, seigneur et comte de Brandeville, par patentes de Philippe, roi d'Espagne, du 11 décembre 1652, justicier des nobles du

duché de Luxembourg et comté de Chiny, grand
prévôt d'Ardenne, mort sans postérité le 17 décembre 1667, et enterré dans l'église des religieuses
de Saint-François, à Bastogne. Il avait épousé
Marie *de Mérode-Waroux*, fille de Jean, et de
Marguerite *de Harchies*;

3° Louis d'Allamont, capitaine de cavalerie au service
de S. M. C. : grand-prévôt d'Ardenne, gît à Montmédy;

4° Bernardin d'Allamont, capitaine au service d'Espagne;

5° Antoine d'Allamont, abbé de Beaupré, mort
en 1661;

6° Marguerite d'Allamont, mariée à Louis *de Custine
d'Aufflance*, gouverneur de Vianden.

VIII. Jean d'Allamont, baron de Bussy, seigneur
de Malandry, Villevoye, page des archiducs Albert et
Isabelle, gouverneur, capitaine et prévôt de Mont-
médy, conseiller de guerre de S. M. C.; il mourut le
17 juin 1644, âgé de 53 ans, et fut enterré à Montmédy.
Il épousa Agnès *de Mérode-Waroux*, chanoinesse de
Mons, décédée en 1666 et inhumée à Ossogne, fille de
Jean, et de Marguerite *de Harchies*, ils laissèrent :

1° Jean d'Allamont, baron de Bussy, seigneur d'Allamont, Malandry, chevalier de l'ordre militaire de
Saint Jacques, gentilhomme de la bouche à la
cour de Philippe IV, lieutenant de sa garde alle-
mande, gouverneur et prévôt de Montmédy, né à
Montmédy le 19 octobre 1626, mort glorieusement
au siége de Montmédy, le 4 août 1657, en défen-
dant cette place contre l'armée française com-
mandée par Louis XIV en personne.

2° Eugène-Albert d'Allamont, chanoine noble de la cathédrale de Liége en 1653, évêque de Ruremonde en 1659, administrateur de l'Evêché de Bois-le-Duc, par bulle du pape Alexandre VII, évêque de Gand en 1666, comte de Brandeville et d'Everghem, seigneur de Malandry, né à Bruxelles en 1609, fut tenu sur les fonts baptismaux par les archiducs Albert et Isabelle, qui lui donnèrent leurs noms. Il mourut d'une colique à la cour de Madrid, le 28 août 1673. Son cœur repose dans la cathédrale de Gand, où l'on voit sa tombe près du maître-autel, du côté de l'Évangile. Dans le caveau de la cathédrale se trouve une autre épitaphe, ornée de seize quartiers, savoir :

Allamont — Pavant — Custine — Ficquelmont
Lenoncourt — Haraucourt — Choiseuil — Roye
Mérode — Warfusée — Thian — Ghistelles
Harchies — Wissocq — Liedekerke — Vander Gracht.

3° Jean-François d'Allamont, mort à l'âge de 2 ans ;

4° Arnould d'Allamont, mort en bas-âge ;

5° Marie-Ernestine d'Allamont, morte à l'âge de 5 ans.

Ces trois derniers gîsent dans l'église d'Avioth, où se voit l'inscription suivante :

Sous ce marbre sont les corps, de trois enfants de sang illustre,
de Messire Jean d'Allamont, seigneur de Malandry,
Gouverneur de Montmédy, et de madame Agnès de Mérode
leurs père et mère, Jean-François, — Arnold — et Marie-Ernestine
qui décédèrent l'an de contagion 1636 agés de 2, 3, 4 ou 5 ans,
à peine ont ils vu la vie que le ciel les a ravit, lecteur ne les pleure
pas mais aspire à leur félicité.
Quartiers
Allamont — Mérode.

6° Florimond d'Allamont ;

7° Anne d'Allamont, chanoinesse de Remiremont, dernière héritière de sa famille, après la mort de son frère Jean, comtesse de Brandeville, dame d'Allamont, de Malandry, décédée le 6 mai 1719, épousa son cousin germain, Alexandre, comte de Mérode, vicomte de Villers-sur-Lesse, seigneur d'Ossogne. Par ce mariage tous les biens de la maison d'Allamont passèrent dans celle de Mérode.

———

ARNOULT (D')

ARMES : D'argent à d'eux chicots posés en sautoir (autrement à la croix de Bourgogne), accompagnés de quatre lionceaux, le tout de gueules. — d'Hozier cite une autre famille du même nom, portant : D'argent au chevron de gueules, accompagné de trois cœurs de même posés 2 en chef et un en pointe.

I. Jean-Mathias Arnoult, originaire de Montmédy, avocat postulant au conseil provincial de Luxembourg, puis conseiller au même conseil par lettres patentes du 4 février 1617, et plus tard son président, épousa Élisabeth *de Schellart*; veuve avec un enfant de Hartard *de Laittres*.

Élisabeth *de Schellart*, eut trois enfants : une fille née de son premier mariage, nommée Félicité *de Lait-*

tres, épouse du seigneur *de Limouzin*, commandant d'Arlon, et du second mariage deux garçons, savoir :

1° Jean Arnoult, qui suit :

2° Jean-Guillaume Arnoult, né à Luxembourg en août 1605, mort sans hoirs, épousa, le 8 novembre 1633, Marie *d'Huart*, née à Luxembourg le 22 novembre 1613, fille de Jean-Gaspar *d'Huart*, président du conseil provincial de Luxembourg, et d'Hélène *de C. mont.* Marie d'Huart convola en secondes noces avec Raphaël *de Lohinel*, lieutenant-colonel au régiment du prince de Baden.

II. Jean Arnoult, seigneur de Soleuvre, Schengen, Differdange, Bitbourg, Besch, Beuren, etc., né à Luxembourg en 1604, avocat postulant au conseil provincial de Luxembourg le 17 avril 1635, substitut du procureur général près la même cour par lettres patentes du 28 avril 1646, conseiller lettré et puis président du dit conseil le 27 octobre 1669 en remplacement de son père, épousa Marguerite-Sibylle *de Busbach*, fille de Jean, conseiller au conseil provincial de Luxembourg, et de Dorothée *de Wiltheim*, dont :

1° Charles-Guillaume, qui suit ;

2° Christophe, baron d'Arnoult et de Meysenbourg par lettres patentes de l'empereur Charles VI, du 26 décembre 1716, délivrées à Vienne :

« Charles, etc. Et nous ayant été fait rapport tant des bons et fidèles services que notre cher et féal Christophe *d'Arnoult*, chevalier, seigneur de Keyll, Bubange, Meysenbourg, de la ville et seigneurie de Bitbourg, nous aurait rendu en qualité de président de notre conseil provincial de Luxembourg et comté de Chiny, et rend encore actuellement en icelle qualité, comme aussi de sa noble extraction, étant issu de l'ancienne famille

d'Arnoult, originaire de notre dit pays de Luxembourg, et recon-
nue pour noble non seulement dans le dit duché, mais aussi dans
l'empire (leurs armoiries se trouvant insérées dans le Teusch
Wappenbuch) dont ses ancêtres, tant paternels que maternels,
auraient de temps immémorial vécu publiquement dans le dit
pays de Luxembourg, comme personnes nobles et en guise de
gentilshommes et que pour tels ils auraient communément
été tenus et réputés, ayant en cette qualité joui pleinement et
entièrement des privilèges, exemptions et honneurs y compétant, et ayant possédé différents fiefs nobles et seigneuries de
haute justice même des plus considérables du pays, notamment
le feu Jean-Mathieu *d'Arnoult* son père grand, seigneur et haut
justicier de Schengen et autres lieux, ils avaient été convoqués
et reçu à l'état noble de la dite province et de même occupé les
plus honorables charges et emplois du pays, signamment le dit
feu Jean-Mathieu *d'Arnoult* son père grand ayant été longues
années conseiller et vice-président au susdit conseil de Luxembourg, et après lui son fils Jean *d'Arnoult*, son père aussi conseiller et ensuite président au même conseil près de cinquante
ans, ayant celui-ci en cette qualité été honoré du titre de chevalier, et joint l'un et l'autre été chargé de différentes commis-
sions de leurs princes-souverains nos prédécesseurs, nommément de demander des dons gratuits aux prélats, nobles et
affranchis et de faire les propositions de la part du souverain,
aux fins d'accorder les aides et subsides, que d'ailleurs cette
famille d'Arnoult ait été toujours alliée par mariages à plusieurs
autres anciennes *et nobles de la dite province* de Luxembourg,
et *de Febue*, *d'Assai*, *de Stein*, et *de Schellert*, ses pères, grand-
pères et ayeuls paternels et maternels respectivement, toutes
familles notoirement anciennes et nobles jouissantes encore
réellement et de fait des privilèges, exemptions et honneurs
dont jouissent tous autres anciens nobles et gentilshommes.
Pour ce est-il que nous les choses susdites considérées et eu
favorable égard aux bons services et à la noble et ancienne
extraction du dit Christophe *d'Arnoult*, désirant d'en faire la
démonstration qu'il convient, tant en sa personne qu'en ses des-

cendants et les élèver et décorer en honneurs, droits, privilèges, prérogatives et prééminences, avons de notre certaine science, grâce, libéralité, pleine puissance et autorité souveraine fait et créé comme nous faisons et créons par ces présentes le dit Christophe *d'Arnoult*, baron pour lui et ses enfants et postérité en ligne directe, lui accordant et permettant par plus ample grâce, de pouvoir écarteler ses armoiries avec celle de sa seigeurie de Meisenbourg et les porter en la forme et manière qu'elles sont peintes et figurées au milieu de cette, savoir : un écu d'argent à deux chicots posés en sautoir, autrement à la croix de Bourgogne de gueules, accompagnés de quatre lionceaux de même, écartelé de gueules à trois merlettes d'argent coupé d'or ; le dit écu surmonté d'une couronne comtale, comme aussi de pouvoir appliquer le dit titre de baron à sa dite terre et seigneurie de Meisenbourg, fief noble relevant immédiatement de nous, comme duc de Luxembourg, et une des anciennes seigneurie de haute justice de notre dit duché, etc.

Donné en notre ville de Vienne, en Autriche, le 26 décembre 1716.

(*Signé*) CHARLES.

Par l'empereur et roi,

de Kurz.

Christophe, baron d'Arnoult et de Meysenbourg, seigneur de Keyll, Bubange, etc., était né à Luxembourg le 2 août 1658, il remplaça son père en 1694 dans la présidence du conseil provincial du Luxembourg, il avait épousé le 19 décembre 1694, Anne-Barbe *de Baillet de la Tour*, fille de Christophe-Ernest, président du conseil d'état à Bruxelles, et d'Anne *Cœnen*. Il mourut le 30 janvier 1740 et son épouse le 8 juillet 1724, ils furent inhumés tous deux dans le chœur de l'église des récollets à Luxembourg, sous une dalle en marbre bleu portant l'inscription suivante :

Icy Gisent :
Messire Christophe, Baron d'Arnoult
Et de Meysembourg, Chevalier Seigneur
De Rumelange, Kail, &ᵃ, Conseiller d'Etat
De Sa M. l'Impératrice Reine de Hongrie et
De Bohême, Président de son Conseil
De Luxembourg, &ᵃ, et garde des Chartres
De la Province et Comté de Chiny, &ᵃ.
Décédé le 30 janvier 1740.
Et dame Anne-Barbe de Baillet, son épouse
Décédée le 8 juillet 1724.
Requiescant in pace.

De ce mariage est née une fille unique : Barbe-Marie-Françoise-Xavière, baronne d'Arnoult et de Meysembourg, née le 1ᵉʳ octobre 1695, décédée le 20 décembre 1754 ; elle avait épousé : 1° par contrat du 15 juillet 1713, Charles-Ferdinand-Eugène *de Custine*, comte de Wiltz, baron d'Aufflance et du Fay-Billot, seigneur d'Arros, Malandry, etc., mort le 21 novembre 1758, fils de François-Théodore *de Custine*, comte de Wiltz, et de Françoise-Angelique *de Choiseul* ; et 2° le 9 juin 1752, Lothaire-Frédéric, baron *Mohr de Waldt*, colonel au régiment de Lamarck.

III. Charles-Guillaume, baron d'Arnoult et Soleuvre, conjointement avec son frère, par diplôme impérial du 26 décembre 1716, seigneur de Differdange, membre de l'état noble du duché de Luxembourg par admission du 10 avril 1698, capitaine de cavalerie au régiment du marquis de Baden au service du roi Charles II, épousa Anne-Marie *de Linden*, morte à Luxembourg le 31 octobre 1723, et lui le 6 novembre 1720. On lit dans le nobiliaire des Pays-

Bas que par diplôme impérial le titre de baron lui fut accordé ainsi qu'à ses hoirs mâles et femelles avec faculté d'appliquer ce titre sur la terre et seigneurie de Soleuvre et d'écarteler ses armes avec celles de la dite seigneurie, savoir : écu écartelé au 1er et 4e d'argent à la croix de Bourgogne cantonnée de quatre lionceaux, le tout de gueules, qui est Arnoult ; au 2e et 3e d'or au lion de sable, armé et lampassé de gueules, la queue fourchue, nouée et passée en sautoir qui est Soleuvre ; timbré avec une couronne de comte et supporté de deux lions d'or, armés et lampassés de gueules.

De ce mariage sont nés :

1° Alphonse-Dominique, qui suit ;

2° Marie-Reine, mariée au comte *de Corcorzowa* ;

3° Alphonse, dont la postérité est inconnue ;

4° Marie-Marguerite-Sibylle, mariée au marquis *de Ville.*

IV. Alphonse - Dominique, baron d'Arnoult de Soleuvre, seigneur de Differdange, né et baptisé à Luxembourg le 3 août 1683, épousa Reine *de Metzenhausen,* dame de Linster, dont :

1° Jean-Philippe, mort sans postérité ;

2° Charles-Antoine, qui suit ;

3° Willebrod-Joseph-Ignace, seigneur de la Rochette, présenta ses quartiers de noblesse au conseil provincial de Luxembourg, qui les enregistra en 1759, épousa Anne-Marie *de Sterz,* dame de Perpurg, sans hoirs ;

4° Charles-Michel-Emeric, présenta ses quartiers de noblesse au conseil provincial de Luxembourg, qui les enregistra en 1759 ;

5° Damien-Henri, marié à Ève *de Coppens*, dont une fille; Charlotte-Ève, baronne d'Arnoult de Soleuvre, mariée à Paul-François-Joseph, baron *de Waha de Baslinter*, mort à Gand, le 6 septembre 1793, fils de Herman-Théodore-Joseph, et d'Anne-Jeanne-Charlotte *de Waha de Baillonville* ;

6° Charles, mort à l'âge de 24 ans.

V. Charles-Antoine, baron d'Arnoult de Soleuvre, après son frère aîné, seigneur de Differdange et de Linster, membre de l'État-Noble du Luxembourg, épousa Marie-Antoinette-Philippine-Louise *de Blanchart du Châtelet*, dont :

1° Reine-Françoise, décédée à l'âge de 4 ans;

2° Paul-Antoine-Jean-Népomucène, baron d'Arnoult de Soleuvre, épousa Eléonore *de Prouvy de Fassigny*. Le roi Guillaume Ier, grand duc de Luxembourg, fit inscrire Antoine d'Arnoult de Soleuvre, dans l'ordre équestre de la province de Luxembourg par arrêté royal du 5 mars 1816, et dans la noblesse du royaume des Pays-Bas avec le titre de baron héréditaire dans toute sa descendance sans distinction de sexe, comme il conste par la liste officielle de 1825. Ils laissèrent une fille : Marie-Antoinette, baronne d'Arnoult de Soleuvre, mariée à Christophe-Philippe *de Neil*, banquier, à Trèves;

3° Pierre-Georges, baron d'Arnoult de Soleuvre, mort en célibat le 14 décembre 1841, fut, comme son frère, compris dans les arrêtés royaux du 5 mars 1816 et de 1825 ci-dessus ;

4° Antoine-Gabriel, baron d'Arnoult de Soleuvre, mort en célibat, fut, comme ses deux frères, compris dans les arrêtés royaux du 5 mars 1816 et de 1825.

5° Marie-Thérèse-Antoinette-Walburge d'Arnoult de Soleuvre, décédée à Metz le 13 octobre 1862, à l'âge de 81 ans, se maria à Jacques-François Celin, baron *de Cressac*, officier au service de France.

BARQUIN (DE)

ARMES: D'or à un ours au naturel sur pied de sable. L'écu timbré d'un casque de chevalier orné de lambrequins. *Cimier:* Un ours naissant.

Cette famille, établie depuis longtemps dans le Luxembourg, est de noblesse militaire. — Noble-Jean de Barquin, co-seigneur en partie de la terre de Rienne, au pays et duché de Luxembourg, obtint le 14 mars 1721, des lettres de noblesse, données à Vienne par l'empereur Charles VI, en considération de ses glorieux services militaires, notamment au siège de Dunkerque, et de ceux de ses ancêtres. Il démontra même en cette occasion qu'il était proche parent de feu le célèbre général Jean de Weert, et que son frère, Paul Barquin, avait été colonel d'un régiment d'infanterie au service de l'Allemagne.

I. Jean-Baptiste Barquin, décédé à Rienne, le 4 mai 1721, avait épousé Anne *Le Chat*, morte le 7 juillet 1728. dont :

II. Jean de Barquin, né à Rienne le 13 décembre 1673, décédé au dit lieu le 17 juillet 1736, épousa, le 4 juin 1713, Marie Catherine *de Goha*, décédée le 25 mai 1716, dont :

1° Marie-Catherine-Ode, née le 4 novembre 1713 ;

2° Nicolas-Emmanuel, qui suit ;

3° Marie-Thérèse, née le 29 février 1716.

III. Nicolas-Emmanuel de Barquin, mort le 29 novembre 1784, avait épousé Anne-Catherine *del Halle* (d'argent à la trangle ondée de gueules, surmontée d'un lion ailé de gueules, lampassé d'or et accompagné en pointe d'un sautoir de gueules), décédée le 2 mai 1779. Ils eurent plusieurs enfants, entr'autres : Charles-Nicolas, qui suit :

IV. Charles-Nicolas de Barquin, né à Fumay, le 9 décembre 1751 ; mort à Rienne le 21 mai 1796, épousa le 5 novembre 1787, Dieudonnée *Mayolez*, dont :

1° Charles-François-Dieudonné, qui suit ;

2° Catherine ;

3ª Caroline ;

4ª Céleste.

V. Charles-François-Dieudonné de Barquin, né à Rienne, le 25 septembre 1788, et mort au dit lieu le 18 octobre 1866, épousa Antoinette *Petel*, décédée à Rienne en novembre 1851, dont il eut :

1ª Catherine ;

2° Victor-Charles, né à Florenville, le 2 février 1824, curé-doyen de Saint-Sulpice, à Boussu-en-Fagne ;

3ª Pauline ;

4° Emile ;

5° Henriette ;

6° Albert ;

7° Jules.

AUTRE FRAGMENT

II. Alexandre de Barquin, capitaine de cuirassiers sous le règne de Louis XV, fils de Jean de Barquin, co-seigneur de Rienne, anobli par patentes du 14 mars 1721, fut père de plusieurs enfants, savoir :

1° Antoine-Médard, avocat et conseiller de l'électeur de Trèves, officier mayeur ;

2° Norbert-Hermegilde, docteur en médecine ;

3° Thomas-Flavien, curé de la ville de Fumay ;

4° Thomas-Alexandre, aussi curé en la même ville ;

5° Charles-Vincent-Joseph, qui suit ;

6° Marie-Agnès-Marguerite.

III. Charles-Vincent-Joseph de Barquin, écuyer, a laissé un fils et trois filles, savoir :

1° Gilbert-Clément, qui suit ;

2° Antoinette-Dorothée ;

3° Marie-Christine ;

4° Charlotte-Gertrude.

IV. Gilbert-Clément de Barquin, écuyer, décédé le 14 mars 1853, a laissé deux fils et trois filles dont les noms sont rapportés ci-après :

1° Marie-Louis-Jules ;

2° Marie-Auguste-Eugène ;

3° Julie-Flavie ;

4° Eugénie-Cécile ;

5° Célinie-Flavie.

BAUR DE KITZINGEN (DE)

Armes : D'azur à six étoiles à six rais d'or, posées 3, 2 et 1.

I. N. Baur de Kitzingen, officier au service des empereurs Ferdinand II et Maximilien Ier, fut père de :

II. Sébastien de Baur de Kitzingen, seigneur de Brandenbourg, Esch et Éverlange, membre du conseil de guerre et gouverneur de Luxembourg, obtint confirmation de noblesse, par lettres patentes de l'an 1609, de l'archiduc Albert; il mourut au château d'Éverlange le 22 avril 1632; sa femme Madelaine *Van der Capelle*, décédée en septembre 1736, le rendit père de :

1° Jean, qui suit :

2° Anne, dame de Brandenbourg, née à Bois-le-Duc en 1592, mariée en 1616, à Georges *de Bock*, conseiller au conseil de S. M. C.

III. Jean de Baur de Kitzingen, seigneur d'Éverlange, épousa Louise *de Croefve*, dont :

IV. Jean-François de Baur, seigneur d'Éverlange, marié à Félicité *de Simon*, dont :

V. François-Sébastien de Baur, seigneur haut-justicier d'Éverlange, et Usseldange, épousa : par contrat passé à la Sauvage le 9 décembre 1699. Marie-Françoise *Groulart de Jalhay*, née à la Sauvage et baptisée le 9 janvier 1679, fille de Jean *Groulart de Jalhay*, et de Marie-Suzanne *de Weyder de Malberg*, cet acte porte :

« Contrat de mariage a été conclu et arrêté entre noble seigneur
François-Sébastien *de Baur*, seigneur haut-justicier d'Éverlange, fils légitime de feu noble seigneur Jean-François *de Baur*,
et de dame Félicitas *de Simon*, seigneur et dame du dit lieu ;
assisté du sieur Claude *de Gorcy*, seigneur de Waedemont,
son cousin, d'une part ; et demoiselle Marie-Françoise *de Groulard*, fille légitime de noble seigneur Jean *de Groulard*, écuyer,
seigneur haut-justicier de Gommery, de Sosnes, etc., procréée
en son premier mariage avec défunte dame Marie-Suzanne *de
Weyder*, à l'intervention de noble seigneur Jean-Christophe *de
Weyder*, grand-bailli du duché d'Arenberg, seigneur de Malberg
et de Hollenfeltz, oncle maternel ; du noble seigneur Charles-
Albert *de Bettenhoven*, écuyer, receveur des domaines du roi à
Arlon, grand-oncle à titre de dame Marie-Cécile *de Weyder*,
son épouse. »

Marie-Françoise Groulart reçut en dot le fief et la
grosse dîme de Jalhay, dont elle fit aveu à la cour
féodale de Liége le 30 mars 1702. Elle était décédée le 2
juin 1708, puisque son mari partagea, à cette date, avec
Marie-Marguerite-Albertine *de Groulart*, les biens
échus aux enfants du premier lit de Jean Groulart
leur père.

François-Sébastien de Baur hérita de la fortune de
sa femme à la mort de leurs deux fils : il releva la dîme
de Jalhay par acte du 24 avril 1725.

Il convola avec Barbe-Marie-Josèphe *de Haen*, fille
de Philippe-François, baron de Haen, et de Marie *de
Cools*, elle est enterrée à côté de son mari à Usseldange, sous une magnifique pierre tombale ornée de
leurs quartiers :

> *Baur — Croefve — Simon — Limousin*
> *Haen — Manderscheidt — Cools — Ruye.*

Il eut du premier lit :

1° Werner-Joseph, et 2° Jean-Sébastien, morts tous
   deux célibataires en 1722;
   Il eut du second lit :
3° Marie-Josèphe-Walburge, morte en bas-âge.

BECK (DE)

ARMES : Écartelé : au 1 et 4, d'or à l'aigle de sable becquée et
membrée de gueules ; au 2 et 3, échiqueté d'argent et de gueules
de quatre traits. Sur le tout d'or à l'aigle éployée de sable, couronnée d'une couronne impériale d'or, becquée et membrée de
gueules. *Cimier :* A dextre une aigle de sable, et à senestre échiqueté d'argent et de gueules de quatre traits, simulant une muraille de ville forte, surmontée d'une étoile d'or.

Hantz Beck, capitaine au service de Lorraine, fut
anobli le 8 janvier 1554, par le duc Charles III, il
portait pour armes : *de gueules à deux lions affrontés
d'argent, armés et lampassés d'azur, tenant entre
leurs pattes une hallebarde d'or en pal.* Selon le
nobiliaire ou armorial général de Lorraine et de Bar-
rois par dom Pelletier, ce Hantz Beck, fut père de
Paul Beck, messager à cheval du conseil de Luxembourg au grand conseil de Malines, ce dernier fut pére
de Jean, qui suit :
   III. Jean, baron de Beck, seigneur de Beaufort par
achat du 17 novembre 1639, et de Widimb en Bohême,

né à Luxembourg en 1588, colonel du régiment de Sultz, il défit l'armée Suédoise au passage du Lech, et découvrit la fameuse conspiration de Wallenstein, ce qui lui valut des lettres d'anoblissement, de la part de l'empereur Ferdinand II; mestre de camp général, et gouverneur civil et militaire du duché de Luxembourg et comté de Chiny, par lettres patentes du 18 avril 1637, l'empereur Ferdinand II lui accorda le titre de baron. Jean, baron de Beck, mourut à Arras, le 30 août 1648, des suites de blessures reçues à la bataille de Lens. Il fut inhumé dans l'église des Cordeliers à Luxembourg, devant l'autel de la Sainte Vierge, dans la nef gauche. Sa femme, Catherine *van der Capelle*, lui donna cinq enfants, savoir :

1° Jean-Georges, dit Gérard, qui suit :

2° Jean-Georges ;

3° Marie-Sidonie, dame de Henstorf, mariée à François-Gaspard-Adrien, baron *de Schellart d'Obbendorff*, seigneur de Muggenhausen, fils de Frédéric, chevalier, voué héréditaire de Stockhem, et de Sybille *de Nesselrode* ;

4° Apolline, mariée à Georges *de Bande ;* ils gisent tous deux dans l'église de Waha sous une pierre portant l'inscription suivante :

Icy Gisent et reposent — les corps de noble et honoré — George de Bande dit Hodister — s^r de Waha qui trépassa — le 1 m^{ie} 1642 et noble et v^{tu} — euse dame Apollone de Bec — sa chère espeuse qui tré — passat le premier d'octobre — 1636, Priez Dieu p^r leurs âmes.

5° Marie-Reine, mariée à N. *d'Arnoult.*

IV. Jean-Georges, dit *Gérard*, baron de Beck, seigneur de Widimb en Bohême, de Heringen et de

Beaufort, conseiller de courte robe au conseil de Luxembourg, colonel d'un régiment Haut-Allemand, et conseiller au conseil de guerre de Sa Majesté Catholique, fut tué devant Aire, le 8 novembre 1662 ; il fut inhumé dans le caveau de sa famille, dans l'église des Cordeliers à Luxembourg, avec l'inscription suivante : ·

> *Ici repose Messire Jean Georges*
> *Baron de Beck et de Beaufort,*
> *seigneur de Wiedimb, Heringen*
> *et Fosgas, Chevalier de l'ordre mili*
> *taire de St Jacques. Du conseil de*
> *guerre de Sa Majesté et colonel*
> *d'un régiment d'infanterie Haut*
> *Allemand qui mourut le VIII novem*
> *bre 1662. R. I. P.*

Jean-Georges, avait épousé : 1° Anne-Antoinette, comtesse *de Daun* ; 2° Odile-Dorothée *d'Huart*, née à Luxembourg le 9 janvier 1616, morte sans enfants en cette dernière ville, le 3 juillet 1678, elle était fille de Jean-Gaspard *d'Huart*, président du conseil provincial de Luxembourg, et d'Hélène *de Cymont*.

Il eut de sa première femme, six enfants :

1° Eugéne-Albert, qui suit ;

2° Jean-Philippe-Ernest, mort au service d'Espagne ;

3° Jean-Dominique, aussi mort au service ;

4° Charles-Joseph, mort pareillement célibataire au service d'Espagne ;

5° Anne-Antoinette ;

6° Marie-Catherine.

V. Eugène-Albert, baron de Beck, seigneur de Beaufort et Heringen, marié le 26 novembre 1684, à Anne *de Boetzelaer*, dame de Tassigny et Sappogne, fille de N.. *de Boetzelaer*, conseiller de courte robe au conseil provincial de Luxembourg, et d'Ève *d'Argenteau*, dont il eut :

1º Ève-Isabelle, baronne de Beck, dame de Tassigny et de Sappogne, née à Luxembourg le 13 décembre 1687, mariée en 1708, à Conrad-Adolphe *de Wal*, baron de Woest, vicomte et haut-voué d'Anthines, etc., fils de Mathieu-Ignace, et de Marguerite *de Crisgnée*, vicomtesse héritière d'Anthines ;

2º Marie-Reine, baronne de Beck, dame de Beaufort, mariée à Philippe-Godefroid, comte *de Berlo*, seigneur d'Abbayes ou des Abbyes, fils d'Adrien, comte de Berlo, seigneur d'Abbayes, et de Claude *de la Pierre*.

BEYER (DE)

Armes : D'argent au lion de sable couronné d'or, armé et lampassé de gueules, la queue fourchue et passée en sautoir. *Cimier:* La tête et le col du lion de l'écu, entre un vol d'argent.

L'ancienne famille de Beyer est originaire de la Lorraine, elle vint s'établir vers la fin du xviiiᵉ siècle, dans la ville de Luxembourg, où plusieurs de ses membres occupèrent des fonctions très distinguées dans la magistrature.

I. Barthélémy de Beyer, épousa Élisabeth *de Beughem,* et fut père de :

II. Jean de Beyer, échevin et justicier de la ville de

Luxembourg, puis receveur des droits des trois États du Duché, marié à Jeanne *de Kesseler*, dont:

1° Jean-Fréderic, qui suit;

2° Anne-Elisabeth, dame de Boulogne, Herstal, Nau-limont, Sainte Marie, Villers sur Semoy, Fratin, Lembos, Severy, Buzinol, Habay la Neuve et Habay la Vieille, mariée: 1° à Henri *Henriquet*, dont elle fut l'héritière universelle; 2° par contrat du 18 décembre 1731, à Joseph-Philippe-Hya-cinthe, duc *de Corswarem Looz*, fils de Jean-Hubert, baron de Longchamps, et de Margue-rite *d'Argenteau*. Elle mourut sans enfants en 1743;

3° Hélène, morte en 1738, mariée à François *de Ma-ringh*;

4° Marie-Madeleine, morte en 1755, mariée à Jacques, baron *de Libotte et du petit Rechain*;

5° Anne-Marie, morte en 1753, mariée le 4 octobre 1726, à Jean-Baptiste-Dominique, comte *de Brias*, seigneur de Hollenfeltz, fils de François-Marie, et d'Anne-Marie-Hyacinthe *de Brouchoven*;

6° Anne-Marguerite, mariée à Antoine, baron *de Haen de Schwelendorff.*

III. Jean-Fréderic, baron de Beyer, conseiller, re-ceveur des aides et subsides du duché de Luxembourg, puis conseiller et maître de la chambre des comptes à Bruxelles, fut créé baron de son nom, par lettres patentes du 6 juillet 1725, il écartela ses armes: *au 1 et 4* de Beyer; *au 2 et 3, d'or au chapeau de sable, contre écartelé de gueules en sautoir, au sautoir élesché vidé, pommelé et formé en nœud d'amour d'or.*

Il mourut à Bruxelles, le 26 février 1750, et avait épousé
en avril 1728, Marie-Suzanne-Josèphe *de Fraula*,
née le 26 octobre 1711, fille de Jean-Baptiste-Joseph,
comte de Fraula, président de la chambre des comptes
en Flandre, et de Suzanne Isabelle *le Cat ;* elle mourut le 11 février 1784.

Leurs enfants furent :

1° N..., mort au berceau ;

2° Anne-Élisabeth-Josèphe, née le 1er octobre 1730,
mariée le 13 décembre 1753, à Jean-Joseph *de Fé-
lines*, baron d'Ussac, seigneur de Renaudie en
Limousin ;

3° Suzanne-Elisabeth-Josèphe, née le 19 octobre 1731,
mariée le 28 décembre 1748, à Jean-Baptiste-
Joseph *de Sahuguet d'Amarzit*, baron de Cazillac,
seigneur d'Espagnac, brigadier des armées de S.
M. Très-Catholique, et lieutenant-général au gouvernement d'Issaudun ;

4° Jeanne-Josèphe, née le 12 décembre 1733, mariée le
18 août 1754, à Guillaume *du Faure*, seigneur de
Sauvezie et Meissac ;

5° Marie-Jeanne-Catherine, née le 25 mars 1736, mariée le 14 octobre 1754, à François *de Sahuguet
d'Amarzit*, seigneur de La Roche, mousquetaire
au service du roi de France ;

6° Élisabeth-Anne-Rosalie-Josèphe, née le 15 juillet
1737 ;

7° Charlotte-Julie-Louise, née le 15 juin 1746, mariée
à Denis-Joseph *Iernau*.

BIBER (DE)

Armes : D'argent au castor rampant au naturel, tenant un poisson au naturel aussi ; le dit castor senestré en chef d'une étoile à six rais de gueules, et posé sur une terrasse de sable.

1. Richard de Biber, né à Ingolstadt (Bavière), en 1678, directeur des vivres à Ingolstadt, obtint, par diplôme de l'empereur Charles VI, en date du 5 février 1714, en récompense de ses services, le titre de conseiller, transmissible à tous ses descendants respectifs, et reconnaissance de noblesse pour lui et ses enfants.

Le diplôme mentionne aussi deux frères de l'impétrant servant dans les armées impériales : le premier en qualité d'officier d'artillerie de campagne, le second comme officier supérieur dans le régiment de Lölff Hölzischen.

Richard de Biber eut deux enfants, savoir :

1º Joseph-Ignace, qui suit :

2º Marie-Anne-Barbe ; née à Luxembourg le 25 avril 1719, épousa Pierre-Antoine-Joseph, baron *de Cassal et de Bomal*, seigneur de Fischbach et de la Rochette, membre de l'état noble du Luxembourg, conseiller d'épée au conseil de Luxembourg, prévôt, capitaine et administrateur du marquisat d'Arlon.

II. Joseph-Ignace-Nicolas de Biber, commissaire

des vivres et conseiller au service de S. M. T. C., né à
Luxembourg le 6 décembre 1716, mort en 1789, épousa
sa cousine germaine Marie-Marguerite-Louise *de Cassal*, fille du baron *de Cassal*, et de Marie *de Biber*,
ci-dessus, dont un fils, Jean-Baptiste, qui suit :

III. Jean-Baptiste-Antoine-Jérôme-Médard, qualifié baron de Biber, seigneur de Muntzbach, d'Obersieren, de Schrassig, etc., né à Luxembourg le 8 juin 1758,
mort à Bruxelles en 1838, épousa Marie-Catherine *de
Papigny de Clairmarais*, morte à Luxembourg le
6 pluviôse an VII.

Il eut de ce mariage cinq enfants, savoir :

1° Marie-Catherine-Julie, née le 21 février 1786, épousa
le 11 octobre 1808, Joseph-Nicolas-Siméon-Guillaume, chevalier *de Hontheim*, membre de l'ordre
équestre du grand-duché de Luxembourg, fils de
Jean-Jacques, seigneur de Montquintin, de Dampicourt, etc., et de Marie-Élisabeth-Adolphine-
Thérèse-Walburge *de Hontheim* ;

2° Justine-Marie-Thérèse, née à Luxembourg le 10 juillet 1781, mariée le 12 mai 1808, à François-Louis-
Albert, chevalier *de Hontheim*, frère du précédent,
conseiller de préfecture du département des forêts,
membre de l'ordre équestre du grand-duché de
Luxembourg ;

3° Jean-Baptiste-Salomon, qui suit ;

4° N., religieuse ;

5° N. épousa N., capitaine au service de la Prusse.

IV. Jean-Baptiste-Salomon, baron de Biber, né en
juin 1797, à Muntzbach, mairie de Schuttrange (Luxembourg), mort à Bruxelles le 19 août 1832, capitaine au

service de Belgique, épousa à Thionville, en 1817, Anne-Marie *Michel*, née à Thionville, le 30 messidor an VIII, morte à Bruxelles le 30 octobre 1836, fille de Jean-Baptiste, et de Marie *Muller*, dont deux enfants, savoir :

1° Antoine-Jérôme, qui suit :

2° Henri-Auguste-Adrien-Jean-Baptiste de Biber, né à Thionville le 9 avril 1825, capitaine d'infanterie, épousa à Liége, le 3 mai 1851, Henriette *Storm*, née à Bruxelles en 1829.

V. Antoine-Jérôme, baron de Biber, né le 9 août 1818, chevalier des ordres de Léopold, de la Légion d'honneur, de Saint-Stanislas de Russie (deuxième classe) et du Médjidié de Turquie, major d'infanterie, ancien aide-de-camp du lieutenant général baron Greindl, ministre de la guerre ; obtint par lettres patentes du 28 avril et du 19 novembre 1856, reconnaissance de noblesse et le titre de baron, transmissible par ordre de primogéniture. Il épousa à Bruges, le 28 août 1843, Pauline-Élise-Marie-Françoise *Perlau*, née à Ostende le 8 octobre 1818, morte à Bruges le 3 septembre 1854 et inhumée à Oudenbourg, dont deux enfants, savoir :

1° Antoine-Jérôme-Alexis-Edgard, né à Liége le 6 juillet 1844, sous-lieutenant d'infanterie ;

2° Alfred-Paul-Auguste, né à Arlon le 24 juin 1845, sous-lieutenant au 8ᵉ régiment de ligne, décoré de la médaille méxicaine du mérite militaire, mort à Bruxelles le 22 juin 1867.

BLIER (DE)

Armes : D'argent à trois fasces d'azur, au premier canton d'or à une rose de gueules soutenue de sinople et boutonnée d'or.

Nicolas de Blier, seigneur foncier du dit lieu et de Hazeilles, par patentes du 19 novembre 1611, de Wallay et de Reppe, membre de l'état noble du comté de Namur, capitaine de cuirassiers, capitaine - prévôt, gruyer et receveur du château, terre et seigneurie de Durbuy, fut anobli par lettres patentes des archiducs Albert et Isabelle, du 20 juillet 1618. Par lettres du 28 janvier 1625, il fut promu au grade de Lieutenant-Général des bandes d'ordonnances aux armées de l'infante Isabelle. — Il avait épousé : 1° Marie *de Fourneau de Cruyckenbourg* ; 2° Élisabeth *de Cellier*, veuve du colonel de Dongelberghe, de la quelle il eut : Marie de Blier, dame héritière de Wallay et de Reppe, mariée en 1630, à Jean *de Brialmont*, seigneur d'Enneilles.

BOCHOLTZ

ARMES : D'or à un arbre au naturel, placé sur une terrasse de sinople. *Cimier :* L'arbre de l'écu.

Cette famille fut anoblie le 1ᵉʳ décembre 1712, par l'électeur de Bavière Maximilien-Emmanuel, dans la personne de Georges Bocholtz, justicier de Clémency, lieutenant-prévôt et substitut du procureur-général du conseil provincial de Luxembourg, conseiller-juge de la chambre suprême de Luxembourg ; il était fils d'André Bocholtz, justicier et officier de la seigneurie de Clervaux, et petit-fils de Nicolas Bocholtz, chef de la justice de Fisbach et de N. *Grubois.* La famille Bocholtz s'est éteinte le 23 décembre 1858, dans la personne de Jean-Népomucène-Joseph-Damien Bocholtz, juge de paix du canton de Clervaux, il était le petit-neveu de Georges ci-dessus.

BOURLOTTE (DE LA)

ARMES : D'azur à la fasce d'or, chargée de trois têtes de léopard de gueules, et accompagnée de trois besants aussi d'or.

On lit dans le recueil de la noblesse de Bourgogne, Limbourg, Luxembourg, etc., par J. Leroux : Claude de la Bourlotte, de Bourgogne, colonel au service du roi Philippe II et des archiducs Albert et Isabelle, a été anobli, gratis et sans finance, en considération de ses grands et particuliers services, par lettres patentes dépêchées de St Laurent-le-Royal, le 3ı juillet 1597 ; — fut aussi créé chevalier par lettres patentes dépêchées du dit lieu le 9 août 1597. — Il jouissait d'une pension de 1000 florins sur la recette générale des finances par lettres patentes faites à St Laurent-le-Royal, le 9 juin 1597.

Claude de la Bourlotte, chevalier, seigneur de Topagna, Berlestein, Boncourt, La Vallée, Loupoigne, Baisy, etc., capitaine-prévôt et gruyer du comté de Chiny et d'Etalle, colonel de douze compagnies Luxembourgeoises et commandant des troupes Wallonnes au service d'Espagne, fut l'un des plus grands hommes de guerre du XVIe siècle. Il mourut d'un coup de mousquet, au siége de Hulst, le 24 juillet 1600, et fut inhumé dans l'église paroissiale de Loupoigne, devant le grand autel, avec l'épitaphe suivante : (1)

Ici Gist — Noble et illustre seigneur — Messire Claude de la Bourlotte — seigneur de Berlestein, de Boncourt, la Vallée — Loupoigne, Baisy — le quel a esté tué leẓ Ostende pour le — service de sa Majesté — le 24 juillet 1600 — prieẓ Dieu pour son âme —

Ce vaillant capitaine avait épousé Anne *d'Oyenbrugge*, morte le 24 novembre 1659, fille de Philippe-René, seigneur d'Oyenbrugge et de Milsen, et de Louise *van der Noot*, dont :

1° Anne de la Bourlotte, dame de Loupoigne et de Baisy, mariée le 14 juillet 1616, à Robert *de Beaufort de Celles*, seigneur de Steenhault, mort en 1647, fils puiné de Louis, et de Catherine *de Hamal*.

(1) Le grand théâtre sacré du duché de Brabant, t. I, 2e part., p. 38.

2° François de la Bourlotte, religieux de l'ordre de Sᵗ Dominique;

3° Ernest de la Bourlotte, seigneur de Loupoigne, mort sans hoirs.

BUSLEYDEN (DE)

ARMES : D'argent à la fasce de gueules, accompagnée en pointe d'une rose de même.

L'ancienne famille de *Busleyden* ou *Bursleyden*, possédait le fief de ce nom, situé dans l'ancienne prévôté de Bastogne. Le premier personnage connu de cette maison est Thilman de Busleyden, échevin d'Arlon en 1449, et seigneur par achat de Diestorff et de Hondelange en partie; son fils Gilles, secrétaire et greffier de l'état noble du duché de Luxembourg, fut anobli, par Charles-le-Téméraire, en février 1471, au port des armoiries modernes de Busleyden: *D'azur à la fasce d'or, accompagnée en pointe d'une rose de gueules boutonnée d'or et feuillée de sinople. Cimier: Une tête et col de licorne d'argent, la corne, le crin et la barbe d'or, issant d'un mortier de velours bleu, bordé de deux galons d'or et chargé de la rose de l'écu.*

Cette maison s'est éteinte dans les mâles, le 20 juillet 1623, dans la personne de Gilles de Busleyden, six fois Bourgmestre de Bruxelles, et qui avait été armé chevalier, par l'archiduc Albert, le 30 novembre 1599, lors de la joyeuse entrée de ce prince à Bruxelles.

CAPITAINE (DE)

Armes : D'argent à la fasce de sable, accompagnée en chef de trois merlettes de même, et en pointe d'une étoile à six rais de gueules, accostées de deux grappes de raisins de pourpre, feuillées et tigées de sinople, les tiges en bas.

I. Jean de Capitaine, officier au régiment de Baden au service de S. M. C. Charles II, épousa Madelaine *de Senocq*, dont :

1° Jean-Pierre, qui suit ;

2° Marie-Jeanne ;

3° Anne-Élisabeth, dame de Biourge, morte sans alliance en 1762.

II. Jean-Pierre de Capitaine, né à Biourge, fut anobli avec confirmation d'armes, par lettres patentes du 29 novembre 1727, épousa Gabrielle-Josèphe *de Cornet*, dame en partie de Signeulx et Saint-Remy, fille de Jean-Grégoire, et de Jeanne-Ursule *de Piermont*, dame héritière de Signeulx et Saint-Remy, dont :

1° François-Laurent, testa le 31 août 1759 et mourut en célibat ;

2° Josèphe-Ursule, née à Saint-Remy le 17 juillet 1744, dame de Signeulx, Saint-Remy, Saint-Pancré et de la grande maison de Virton, épousa le 9 février 1760, Théodore-Ignace *de Laittres*, seigneur de Rossignol et de Saint-Mard, fils de Jean-Jacques, et de Marie-Marguerite *d'Éverlange de Witry*.

« Ce jourd'hui 1er février 1760, convenances de mariage et ante nuptiales ont été faites et arrêtées entre très noble et honoré seigneur Théodore-Ignace *de Laittres*, seigneur de Saint-Mard et du Mesnil, résidant au Rossignol, futur époux d'une part, du consentement et assisté de très noble dame Marie-Marguerite *d'Éverlange*, douairière de feu très noble et honoré seigneur Jean-Jacques *de Laittres*, vivant seigneur de Rossignol, ses père et mère, et très noble seigneur Henri-Gilles *d'Orsinfang*, membre de l'état noble de cette province, seigneur de Mesnil, etc., etc.

« Et noble damoiselle Ursule-Josèphe *de Capitaine*, assistée et du consentement de noble dame Gabrielle-Josèphe *de Cornet*, douairière de noble Jean-Pierre *de Capitaine*, dame de Signeulx et Saint-Remy, ses père et mère, de damoiselle Anne-Elisabeth *de Capitaine*, résidant à Biourge, sa tante paternelle, du sieur Charles-Didier-Joseph *de Hugo*, écuyer, et de dame Gabrielle *du Mont*, son épouse, résidant au Rossignol, de très noble et honoré seigneur Robert-Joseph *de Senocq*, seigneur de Lanchette, etc., résidant à l'Église, et de très noble et très honoré seigneur Jean-Bernard *de Senocq*, prévôt de Neufchâteau, y demeurant, future épouse d'autre part, comme s'en suit...

« En faveur du quel mariage la dite dame *de Capitaine*, mère de la dite damoiselle future épouse, cède et abandonne tout douaire et usufruit qu'elle pourrait prétendre sur les biens du dit feu noble Jean-Pierre *de Capitaine*, vivant son époux, tant en meubles qu'immeubles, à la réserve simplement de la jouissance, sa vie durant, de la ferme du Vezin et des acquisitions faites à Saint-Remy, bien entendu que le testament de feu noble Hyacinthe *de Capitaine*, son fils unique, aura son entière exécution. De même la dite dame, conjointement avec la susdite dame Anne-Élisabeth *de Capitaine*, cèdent la grande et seigneuriale maison de Virton avec ses appartenances et les biens y dépendant, sans en rien réserver.

« Item, la ferme située au village de Bleid.

« Item, deux mille écus hors du capital de huit mille écus dus par le seigneur *du Bost*, marquis du Pont-d'Oye,.... sans préjudice au partage à faire des legs faits par le seigneur marquis *de Raggy*, tant en faveur des enfants de feu le seigneur Jean-Pierre *de Capitaine*, que feu la demoiselle *de Capitaine* (Marie-Jeanne), tante à la future épouse.

« Item, pour favoriser d'autant plus les dits futurs conjoints, la dite dame sa mère (Gabrielle-Josèphe *de Cornet*), et demoiselle *de Capitaine* (Anne-Élisabeth), abandonnent les intérêts du capital de huit mille écus dus par le marquis du Pont d'Oye.., lesquels les dits futurs époux auront en propre, et tireront ainsi que tous les meubles qui se trouveront à la maison de Biourge à la mort de la dite damoiselle Anne-Élisabeth *de Capitaine*.

« Fait à Neufchâteau, 1er février 1760... Scellé et signé par les parties présentes au contrat. »

Joséphine-Ursule *de Capitaine*, était l'unique héritière d'une fortune considérable qu'elle porta à son mari, Théodore-Ignace *de Laittres*. Par le décès de sa mère, Gabrielle-Josèphe *de Cornet*, et par le testament de son frère François-Laurent *de Capitaine*, du 31 août 1759, elle hérita des seigneuries et châteaux de Signeulx et Saint-Remy et des fiefs de Bleid et de Vezin. Par actes de donation des 23 octobre 1761 et 7 mai 1762, elle posséda les domaines provenant de Marie-Hélène *de La Roche*, situés à Biourge, Étalle, Tintigny et Vezin...

Par le décès de sa tante Anne-Élisabeth *de Capitaine*, en 1762, elle devint légataire universelle du fief noble, relevant du souverain, situé à Biourge, provenant de Mademoiselle *de Rincourt* et de la famille *de Capitaine*, de la seigneurie et biens fonciers de la grande maison de Virton, avec tous ses droits seigneuriaux, et de la seigneurie de Saint-Pancré, ces dernières provenant par acte du 17 janvier 1746, d'Ignace baron *de Longueval*, et de François son frère. Enfin elle hérita du capital de huit mille écus dus par le marquis *du Bost du Pont-d'Oye*, hypothéqués sur la seigneurie d'Esch-sur-la-Sure, et réalisés par la vente judiciaire de la dite seigneurie le 1er août 1761.

Joséphine-Ursule de Capitaine, mourut à Rossignol le 4 octobre 1765, âgée de 21 ans ; Théodore-Ignace de Laittres, son époux, mourut à Luxembourg, pendant le blocus de l'armée française.

CASSAL (DE)

ARMES : Écartelé : au 1 et 4, d'azur au lion rampant d'argent, armé et lampassé de gueules ; au 2 et 3, d'or à un cor de chasse de sable. *Couronne* à 3 fleurons et 3 perles. *Supports :* Deux lions d'or au naturel.

Cette ancienne famille s'est divisée en deux branches principales :

1º *Les seigneurs de Hun*, au pays de Namur, dont était Charles Oger de Cassal, seigneur de Hun par relief de 1725, et chanoine de Liége, qui transmit la terre de Hun à son neveu Antoine, lequel en fit le relief en 1767. C'est à cette branche qu'appartient Marie de Cassal, abbesse de Solières, morte le 21 septembre 1663.

2º *Les barons de Cassal de Bomal*, dont il sera parlé plus bas.

I. Jean-Pierre Cassal ou Casal, lieutenant d'une compagnie des guides des archiducs Albert et Isabelle, fut père de :

II. François Cassal, receveur des domaines du roi à Marche-en-Famène, père de :

III. François Cassal, 2e du nom, capitaine de cavalerie au terce du mestre de camp Longueval, mort prévôt de Durbuy, père de :

1° Jacques-Ignace, qui suit :

2° Antoine de Cassal, seigneur de Grandhan, capitaine de cavalerie au terce du marquis de Strozzi, et prévôt de Durbuy avant la paix des Pyrénées, épousa Anne *Polchet*, dame de Montaigle et Falaën, dont il eut : Catherine de Cassal, épouse de Louis-Joseph *de Coppin*, seigneur de Beausaint, fils de Pierre-Louis et de Marguerite *de la Mock*.

IV. Jacques-Ignace, baron de Cassal et de Bomal, seigneur de Fischbach, obtint érection de la terre et seigneurie de Bomal en baronie, pour lui et ses descendants, par lettres patentes du 4 mai 1716; membre de l'état noble du duché de Luxembourg, par réception du 10 avril 1698, il mourut en 1720, laissant de sa femme Catherine-Louise *Marchant*, fille de Guillaume, prévôt d'Arlon et d'Anne *de Potesta*, un fils qui suit :

V. Pierre-Antoine-Joseph, baron de Cassal et de Bomal, seigneur de Rocourt, Rochette, Fischbach, Soye, etc., etc.; conseiller d'épée au conseil de Luxembourg, prévôt-capitaine et administrateur du marquisat d'Arlon, épousa Marie-Anne *de Biber*, née à Luxembourg le 25 avril 1719, dont :

1° Antoine, qui suit :

2° Anne-Barbe-Pétronille de Cassal, née à Luxembourg le 12 février 1747, mariée à François-de-Paule-Henri-Joseph *d'Anethan de la Trapperie*, haut-justicier du duché de Luxembourg, fils de François-Antoine-Oswald, et de Marie-Béatrix-Henriette-Josèphe *de Mareschal*;

3° Marie-Marguerite-Louise de Cassal, mariée à son oncle Joseph-Ignace *de Biber*, mort à Luxembourg en 1789;

4° Marie-Françoise de Cassal, mariée à Jean-Fréderic-Joseph, comte *de Brias et de Hollenfeltz*, fils de Jean-Baptiste-Dominique, et d'Anne-Marie *de Beyer*.

5° Louise de Cassal, épouse de Romain *de Galliot*, marquis de Genouillac, prévôt d'Arlon et de Luxembourg, fils de Pierre-François, receveur général des aides et subsides du duché de Luxembourg, et de N. *de Schoenfeltz* ou *Belle Roche*.

VI. Antoine-Ignace, baron de Cassal de Bomal, épousa Marie *de Mathieu*, dont il eut:

1° Félix, baron de Cassal, né à Luxembourg le 12 juin 1800, lieutenant-colonel au régiment des guides, mort à Bruxelles le 28 avril 1844;

2° Pauline de Cassal, morte le 11 avril 1840, mariée le 8 octobre 1836, à Napoléon-Henri-Guillaume-Ghislain, baron *de Vicq de Cumptich*, colonel d'infanterie, né le 21 janvier 1805;

3° Eugénie de Cassal, mariée le 5 août 1841 à Napoléon-Henri-Guillaume-Ghislain, baron *de Vicq de Cumptich*, veuf de sa sœur Pauline ci-dessus.

COBRÉVILLE (DE)

ARMES : D'or à la fasce d'azur, chargée de trois coquilles d'or, accompagnée en chef de trois merlettes de sable, et en pointe, de deux couleuvres de même, passées en sautoir et adossées de même. *Cimier :* Une hure de sable, couronnée d'or, allumée et dentée d'argent.

Cobréville ou *Cobraiville*, ancienne seigneurie située dans la prévôté de Bastogne, et de la quelle dépendaient les fiefs de Nives, Deux Rosières, Vaux, Sure, Remoiville et Remycham-pagne, a donné son nom à une branche de la noble maison de Jamille :

I. Jean de Cobréville, écuyer seigneur du dit lieu fut père de :

1º Henri, marié à Catherine *de Woffenay*, dont :

    a. Jean, seigneur de Bièvre;

    b. Aubert, marié à Jeanne *d'Aywelles*, dont :

        aa. Françoise, mariée à Mathieu *de Lobbette*;

        bb. Jeanne;

        cc. Jean, marié à Jeanne *du Fay*, dont il eut deux fils : l'un, Roland, écuyer, seigneur de Cobréville et Bièvre, mourut sans postérité en 1557; l'autre, Robert, fut échevin de la cour de Cobréville et mourut aussi sans hoirs.

2º Jean, qui suit ;

3º Jeanne, dont la fille épousa le seigneur *d'Olesy*.

II. Jean de Cobréville, épousa Françoise *de Bohan*, dont:

III. Jean-Aubert de Cobréville, marié à Cathon N., fut père de :

IV. Jean-Aubert de Cobréville, dit *le Cayeux*, écuyer, seigneur de Cobréville par achat du 27 juillet 1556, mort à Bastogne, le 11 juin 1579, et inhumé dans l'église de cette ville sous une pierre portant l'inscription suivante :

Cy Gist noble persone, Jehan de Cobréville qui trépassa le XI jour de juing 1579 — priez Dieu pour luy.

Il avait épousé Anne *Collignon-Clauss*, dont il eut:

1° Jean, qui suit :

2° Catherine, mariée à Henri *de Humain* ou *Humyn*, lieutenant-prévôt de Bastogne ;

3° Anne-Marie, mariée à Nicolas *de Brunène*, dont la fille, Anne-Marie, épousa Jean *Mathelin ;*

4° Marguerite, morte en célibat.

V. Jean de Cobréville, écuyer, seigneur du dit lieu, de Guirsch, Nives, La Vaulx, etc., grand prévôt d'Ardenne, conseiller et procureur-général des aides et subsides du duché de Luxembourg et comté de Chiny, commissaire général des montres du roi et capitaine de deux cents arquebusiers à cheval, épousa le 9 mai 1576, Marie *de Lieffelt*, fille de Jean et d'Anne *Smets*, dont il eut :

1° Jean, mort en bas-âge ;

2° Louise, mariée à Jean *de Reiffenberg ;*

3° Pierre-Ernest, seigneur de Guirsch, Nives, etc., capitaine, sergent-major et colonel d'un régiment Haut- Allemand, testa le 4 février 1636 et mourut sans hoirs, le 13 mars 1640.

4° Christophe, capitaine au service de S. M. C., tué au siége d'Ostende ;

5° Charles, chanoine à Münstereifelt;

6° Alexandre, chanoine à Bade;

7° Marguerite, mariée à Jérôme *de Vaucleroy*, chevalier, seigneur de Ville-au-Bois, gouverneur de Chateau-Porcien en Champagne.

CUSTINE (DE)

ARMES : D'argent à la bordure coticée de sable; écartelé de même; semé de fleurs de lis d'argent.

Cette ancienne et illustre maison déjà connue au xi⁰ siècle, tire son nom du château de Custine, situé à deux lieues de Charlemont, ce fief était la première pairie du comté de Rochefort, les filles y avaient droit de primogéniture au défaut de mâles.

VI. Gilles de Custine, seigneur du dit lieu, premier pair du comté de Rochefort, était fils de Ferry de Custine; petit-fils de Godefroid de Custine vivant en 1332, arrière-petit-fils de Charles de Custine, bis-arrière-petit-fils de Guillaume de Custine et de Jeanne *d'Egmont*, avec laquelle il vivait en 1253, tris-arrière-petit-fils de Gérard de Custine; il avait épousé Marguerite *de Beaufort-Spontin*, chanoinesse du chapitre de Moustier, citée en cette qualité dans l'acte de famille du 12 avril 1415, fille de Guillaume et de Marguerite *de Brabant*. Ils eurent :

1° Pierre, qui suit ;

2° Mechtilde, mariée à Jean *de la Marck.*

VII. Pierre, sire de Custine, de Couton, de Romery, haut-voué de Malwanchie, premier pair du comté de Rochefort, épousa Ermengarde *de Lombut,* dame du dit lieu, dernière de son nom ; il recueillit tous ses biens à la condition de joindre aux armes de Custine celles de Lombut, qui sont de sable semé de fleurs de lis d'argent. De ce mariage naquirent :

1° Jean, sire de Custine, de Couton, etc., épousa Marie *de Landres*, dont une fille, Jeanne, épousa Anseau *de Waha ;*

2° François, qui suit :

VIII. François de Custine, sire de Lombut et de Romery, premier pair du comté de Rochefort, épousa Agnès *de Thone-le-Thil*, dame d'Epiez et de Fresnoy, fille de Richier et de Mariette *de Failly.* Ils eurent :

1° Colard ou Nicolas, qui suit :

2° Marguerite, mariée à Pierre *de Beauchamps*, seigneur de Thone-la-long ;

3° Henri, seigneur de Viviers, épousa le 15 octobre 1490, Alix *de Pouilly*, fille de Nicolas, seigneur d'Esne, et de Françoise *de Manteville.* De ce mariage naquirent :

    a. Nicolas de Custine, seigneur de Viviers, épousa Elise *de Gorcey*, fille de Jean, et de Marguerite *de Hautoy*, dont :

      aa. Claude ;

      bb. Thibaut ;

      cc. Anne, chanoinesse de Bouxières, mariée à Everard *de Laittres*, chevalier,

seigneur de S¹ Mard, fils de Henri, et
d'Agnès *de Failly*;

  dd. Marguerite, religieuse;

  b. Alix de Custine, mariée à Henri *de Lenoncourt;*

  c. Marguerite de Custine, mariée à Jean *du Chatelet;*

  d. Ermengarde de Custine, mariée à Jean *de
  Luxembourg.*

IX. Colard de Custine, aussi appelé Nicolas, écuyer,
seigneur de Lombut, baron de Cons et de Bioncourt,
premier pair du comté de Rochefort, épousa, le 12
mars 1467, Marguerite *de Villy*, dame d'Aufflance, de
Villy et de Domey, fille de Jean, et de Catherine *de
Stoudenheim*. De ce mariage naquirent :

1º François, seigneur de Custine, de Lombut, premier pair du comté de Rochefort, épousa Idelette
de Nice, fille de Guillaume, et de Béatrix *des
Armoises*, dont :

  a. Hélène, dame héritière de Custine, épousa
  Jean-Humbert *de Moitrey de Foulz,* à qui
  elle porta la pairie de Rochefort;

  b. Jeanne, épousa : 1º le 4 septembre 1536, Gilles *d'Eve*, seigneur de Jambline; 2º Adrien
  de Namur;

  c. Agnès, épousa Christophe *des Armoises;*

  d. Anne, épousa Jacques, baron *de Lutz*, seigneur de Neuville en Vermandois.

2º Agnès, mariée à Henri *des Armoises;*

3º Thibaut, qui suit;

4º Jacques, seigneur d'Aufflance, capitaine-prévôt

d'Ivoix, épousa Jacqueline *de Ficquelmont*, ils sont les auteurs de la branche de Custine d'Aufflance, qui suivra ci-après ;

5° Antoine, seigneur de Fresnoy ;

6° Marguerite, épousa Jean *de Saint Maurice*.

X. Thibaut de Custine, baron de Cons dit Lagrandville, Bioncourt, gouverneur de Chauvancy, gentilhomme de la chambre du duc René de Lorraine, épousa, le 18 novembre 1504, Claude *d'Épinal*, fille de Gérard, et d'Ermengarde *de Malberg*. De ce mariage naquirent :

1° Martin, qui suit ;

2° Ide, dame de Lombut, épousa : 1° Gilles *de Jiphoigne* ; 2° Jean *de Pouilly* ;

3° Nicole, épousa : 1° Henri *de Lutz*, seigneur de Gommery ; 2° Jean *de Montigny*.

XI. Martin de Custine, baron de Cons, seigneur de Villy, Bioncourt, Grand-Failly, épousa en 1545, Françoise *de Guermange*, dont :

1° Louis, baron de Cons, seigneur de Villy et Domey, gouverneur de Longwy en 1596, mort en 1622, sans enfants de son mariage avec Catherine *de Gournay* ;

2° Adam-Philippe, qui suit ;

3° Jean, seigneur de Bioncourt, épousa Dorothée *de Ligniville*, fille de Charles, chevalier, seigneur de Tantonville, et de Chrétienne *del Conti*, sa première femme, dont :

a. Louis-Théodore, épousa en 1616, Renée *de Seraucourt*, fille de Richard, et de Gabrielle *de Raigecourt*, mort sans postérité en 1647 ;

b. Marguerite, abbesse au chapitre de Bouxières, épousa le 1er janvier 1614, Jean *de Lambertye*, et lui porta la terre de Cons-la-Granville ;

c. Suzanne, dame de Bioncourt, épousa Ferry *de Haraucourt.*

4° Suzanne, religieuse, puis prieure du couvent des dames précheresses à Nancy, décédée le 20 mai 1619 ;

5° Françoise, chanoinesse à Remiremont ;

6° Nicolas, tué dans les guerres de la Hongrie.

XII. Adam-Philippe de Custine, seigneur de Guermange, de Warise, de Villy, etc., épousa, en 1582, Anne *de Roucelx*, fille de Philippe, et de Madelaine *de Chanay*, dont :

1° Philippe, qui suit ;

2° Antoine, chanoine à Metz ;

3° Claude, seigneur de Villy, de Domey, etc., épousa Antoinette *de Custine*, dame de Chinery, fille de Ferry, seigneur d'Aufflance, et de Claudine *de Beauvais ;*

4° Louis-Philippe, seigneur de Pontigny, épousa en 1626, Gabrielle *de Seraucourt.* Ils sont les auteurs de la branche de Pontigny, ci-après ;

5° Madelaine, mariée à Mathieu *de Schawenbourgh*, seigneur de Bernart et de Betrange ;

6° René, seigneur de St-Vincent, à Metz ;

7° François, religieux de Saint-Symphorien.

XIII. Philippe de Custine, seigneur de Guermange, épousa Anne-Suzanne *de Lutxelbourg*, fille de Walter, seigneur de Sareck, gouverneur de Sarbourg, et d'Anne, comtesse *de Wiltx*, sa première femme, dont :

XIV. Adam-Philippe, comte de Custine, seigneur de Guermange et de Sareck, épousa Marie-Gertrude, comtesse *de Caba de Caberque*, fille aînée de Philippe, général au service de S. M. I., et de Jacqueline *de Knipenberg*. Ils eurent :

XV. Antoine-Philippe, comte de Custine, seigneur de Guermange, capitaine commandant pour le service du roi, mort au mois de septembre 1709, des blessures qu'il avait reçues à la bataille de Malplaquet, épousa Marie-Josèphe *de Tresca*, dont :

XVI. Philippe-François-Joseph, comte de Custine, seigneur de Guermange, grand-fauconnier du roi de Pologne, duc de Lorraine et de Bar, épousa Anne-Marguerite *de Magnin*, fille de François, seigneur du comté de Roussy, et de Marguerite *de Walter*, dont :

1° Adam-Philippe, qui suit ;

2° Marie-Antoinette, mariée le 3 avril 1770, à Albert-Louis *de Pouilly*, baron de Pouilly et de Chauffour, maréchal des camps des armées du roi, commandant de Luxembourg, mort en Allemagne en 1795.

XVII. Adam-Philippe, comte de Custine de Guermange, né à Metz le 4 février 1740, général en chef de l'armée du Rhin vers la fin de la campagne de 1792, s'empara de Spire et de Francfort-sur-Mein, traduit devant le tribunal révolutionnaire comme ayant livré sans défense la place de Mayence, l'artillerie de Strasbourg et celle de Landau, il monta sur l'échafaud le 28 août 1793. On a publié sous son nom : *Mémoires posthumes du général français comte de Custine*, rédigés par un de ses aides de camp (le général Baraguay-d'Hilliers), Hambourg, 1795, 2 vol. in-8°.

Adam-Philippe, comte de Custine de Guermange, avait épousé une demoiselle *de Ludres*, de laquelle il eut :

1° Renaud-Philippe, comte de Custine, aide-de-camp de son père, dont il jura de venger la mort, se jeta dans le parti des Girondins, mais périt sur l'échafaud le 3 janvier 1794, victime de la haine de Robespierre. Il avait épousé Delphine *de Safran*, dont :

Adolphe, marquis de Custine, connu par divers ouvrages littéraires.

2° Anne-Philippe, épousa Henri-Evrard, marquis *de Dreux-Brezé*, grand-maître des cérémonies de France, chevalier de l'ordre royal et militaire de St-Louis, pair de France le 17 août 1815, fils de Joachim, et de Louise-Jeanne-Marie *de Courtarvel de Pézé*.

CUSTINE DE PONTIGNY

XIII*bis*. Louis-Philippe de Custine, seigneur de Pontigny, capitaine d'une compagnie de Hauts-Allemands, était fils d'Adam-Philippe de Custine, seigneur de Guermange, et d'Anne *de Roucelz*. Il épousa en 1626, Isabelle *de Seraucourt*, fille de Richard, et de Gabrielle *de Raigecourt*, dont :

1° Louis-Gabriel, qui suit ;

2° Antoine-Philippe, seigneur de Marcilly, épousa Claude *de Roucelz* ;

3° Marie-Elisabeth, chanoinesse d'Épinal, mariée à François-Joseph, baron *de Serainchamps* ;

4° Virginie, chanoinesse de Bouxières, épousa Fran-
çois-Louis *de Housse*, baron de Watronville, fils
de Nicolas, et d'Anne *de Manteville*.

XIV. Louis-Gabriel dé Custine, seigneur de Pontigny, épousa en 1656, Dorothée, comtesse *de Caba de*
Caberque, seconde fille de Philippe, et de Jacqueline
de Knipenberg. Ils eurent :

1° Louis-Philippe, lieutenant-colonel, tué à la bataille
de Cassel ;

2° Jean-François, lieutenant-colonel, tué au siége
d'Esseck ;

3° Christophe, qui suit ;

4° Henri-Théodore, comte de Custine, gouverneur de
Nancy ;

5° Charles-Elisée, capitaine au service impérial, tué en
Hongrie.

XV. Christophe, marquis de Custine, seigneur de
Pontilly et de Condé-sur-Moselle, de Rupt, etc., gouverneur de Nancy, chambellan et conseiller d'état des
ducs Léopold et François III de Lorraine, obtint en
récompense de ses services, en 1719, du duc Léopold,
l'érection de sa terre de Condé-sur-Moselle en marquisat, sous le nom de Custine. Il épousa, en 1704,
Antoinette *de Nettancourt*, fille d'Edmond, comte *de*
Nettancourt-Vaubecourt, seigneur de Condé-sur-Moselle, et de Marie *de Joly*. Ils eurent :

1° Louis-Charles, mort en célibat ;

2° Jeanne-Louise, abbesse du chapitre de Poussay,
mariée en 1743, à Théodore-Charles, comte *de*
Custine d'Aufflance, fils d'Albert-Eugène et de
Marguerite *Habert* ;

3° Marc-Antoine, maréchal des camps des armées du
roi en 1748, mort de ses blessures reçues à la bataille de Rosbach, épousa N. *de Saint-Chamond*,
dont une fille unique :

Auguste-Louise de Custine de Pontigny, mariée
à Gabriel-Florent-François, marquis *de Ludres*, colonel au service de France.

CUSTINE D'AUFFLANCE

X*bis*. Jacques de Custine, seigneur d'Aufflance, capitaine-prévôt d'Ivoy, était fils de Colard de Custine,
baron de Cons, et de Marguerite *de Villy*. Il épousa
Jacqueline *de Ficquelmont*, dont il eut :

1° Louis, qui suit ;

2° Ide, épousa Antoine *d'Allamont*, seigneur de Malandry, Chauffour, Quincy, maréchal des camps
et armées de Philippe II, puis gouverneur de
Montmédy.

XI. Louis de Custine, seigneur d'Aufflance, de Villers-le-Rond, épousa en 1577, Madelaine *de Wal*,
fille de Jacques, et d'Élise *de Muson*, dont :

1° Ferry, qui suit ;

2° Jean, seigneur de Villers-le-Rond, épousa Catherine *de la Motte*, décédée sans enfants.

XII. Ferry de Custine, seigneur d'Aufflance, épousa
en 1588, Claudine *de Beauvais*, fille de François, et de
Louise *de Chamiset*, dont :

1° François, épousa Nicole *de Pouilly* ;

2° Antoinette, dame de Chinery, mariée à Claude *de*

Custine, seigneur de Villy, fils d'Adam-Philippe, et d'Anne *de Roucelz*;

3° Louis, qui suit :

XIII. Louis de Custine, seigneur de Villers-le-Rond, de Wal, de Fleron, mestre-de-camp au service de S. M. C., épousa, 1° en 1618, Marguerite *d'Alla-mont*, fille de Jean, gouverneur de Montmédy, et de Philiberte *de Lenoncourt*; 2° Ursule *de Roucelz*. Du premier mariage naquit :

XIV. Christophe de Custine, seigneur d'Aufflance et de Buzy, colonel pour le service de S. M. C., épousa Marguerite *de Wiltz*, fille d'Alexandre, comte de Wiltz, et de Barbe *d'Andelot*. Leurs enfants furent :

1° François-Théodore, qui suit ;

2° Albert-Eugène, comte d'Aufflance, seigneur de Buzy, épousa : 1° Marie-Suzanne *de Haraucourt-Chambley*, décédée sans enfants, fille de Henri, et d'Anne *de Saint-Belin*; 2° Marguerite *Habert*, veuve de Jean-Edmond *de Bouteville*, seigneur de Cumières, dont :

a. Théodore-Charles, comte de Custine d'Auf-flance, seigneur de Buzy, épousa, en 1743, Jeanne-Louise *de Custine*, fille de Christophe, marquis *de Custine*, seigneur de Ponti-gny, et d'Antoinette *de Nettancourt*;

b. Joseph-Nicolas-Edmond, comte de Custine, capitaine au régiment de Royal-Piémont, ca-valerie, épousa en 1755, Suzanne-Madelaine, comtesse *de Rutlant*, dont une fille :

Marie-Louise-Charlotte, comtesse de Cus-tine de Mandre, mariée : 1° le 9 juin 1776 à Antoine-Louis, comte *d'Abzac de la Douze de Mayac;* 2° à Georges *de Nicolaï*, colonel d'un régiment d'Angoumois.

XV. François - Théodore de Custine, chevalier, comte de Wiltz, baron de Chemilly, seigneur d'Aufflance, mestre-de-camp de cavalerie, épousa, en 1684, Françoise-Angélique *de Choiseul*, fille de Ferry, comte d'Hostel, et de Françoise *de Marmedeau*, dont :

1° Charles-Ferdinand, qui suit :

2° Charles-François-Marie de Custine, dit *le chevalier de Wiltz*, grand-écuyer de Lorraine et mestre-de-camp de Royal-Pologne, cavalerie, mort sans alliance en 1738;

3° Armande-Françoise-Charlotte de Custine de Wiltz, née le 6 février 1700, se maria, par contrat du 17 juin 1718, avec Adrien-Conrad-Léopold, comte *d'Andelot*, vicomte de Looz, seigneur de Hoves, député de la noblesse aux états du Hainaut, fils d'Adrien-Conrad, et de Marie-Louise-Joséphine *d'Yedeghem*, dame d'Hembize.

XVI. Charles - Ferdinand de Custine, comte de Wiltz, baron d'Aufflance et du Fay-Billot, seigneur d'Arras, Poncey, Malandry, etc., enseigne des chevaux-légers-Dauphin, au service de S. M. C., mort le 21 novembre 1748, à l'âge de 58 ans et enterré chez les Cordeliers de Nancy, épousa, par contrat du 15 juillet 1713, Barbe-Marie-Françoise-Xavière *d'Arnoult*, née le 1er octobre 1695, fille de Christophe, baron *d'Arnoult* et *de Meysembourg*, président du conseil provincial de Luxembourg, et d'Anne-Barbe *de Baillet de la Tour*. Ils laissérent :

1ᵉ Théodore-François-de-Paule de Custine, comte de Wiltz, épousa à Tournay, le 26 août 1741, Robertine-Augustine-Ghislaine-Josèphe *de Sainte-Aldegonde*, décédée sans enfants, le 8 août 1783, fille de Philippe-Albert, comte *de Sainte-Aldegonde*, et d'Augustine-Robertine *de Landas*, sa première femme. Théodore-François-de-Paule de Custine, fut le dernier comte régnant de Wiltz, il mourut en émigration, à Bamberg, le 26 octobre 1798 ;

2º Marie-Anne de Custine, mariée le 1ᵉʳ juillet 1736, à François-Charles, marquis *de Lambertye de Cons-la-Granville*, chevalier, baron de Bioncourt, né en 1718 et tenu sur les fonts le 22 octobre de cette année par François, duc de Lorraine, depuis empereur, et par la princesse aînée de Lorraine, fils de Nicolas-François *de Lambertye*, marquis de Cons-la-Granville, et d'Élisabeth *de Ligniville*. Marie-Anne de Custine, mourut au château de Wiltz, le 9 octobre 1739 ;

3º Anne-Barbe, comtesse de Custine et de Wiltz, née le 13 juillet 1716, religieuse ;

4º Christophe-Charles-Ignace, comte de Custine et de Wiltz, né le 29 juillet 1717, mort en bas-âge ;

5º Antoine-François, comte de Custine et de Wiltz, né le 23 mai 1719, mort enfant ;

6º Anne-Marie-Barbe-Françoise-Xavière, comtesse de Custine et de Wiltz, religieuse ;

7º Marie-Thérèze-Victoire-Ernestine-Gabrielle-Charlotte, comtesse de Custine et de Wiltz, née à Luxembourg, le 3 juin 1723, mariée le 23 mars 1738, à Innocent-Marie *de Wassinhat* (Vastinhac?), chevalier, marquis d'Imecourt, seigneur d'Inor, des Hautes et Basses-Loges, Luzy, Amblimont, etc., colonel du régiment de Périgord.

ELVERT

ARMES : D'or à un arbre de sinople, chargé d'un écusson d'argent, à trois cœurs de gueules posés 2 et 1, et un mouton de sable, passant au pied de l'arbre sur une terrasse de sinople.

Cette famille originaire du Luxembourg fut déclarée issue de noble race par lettres de l'empereur Maximilien II , données à Vienne le 20 septembre 1576. — Michel Elvert, écuyer, seigneur de Bourscheit et de Zellinghen, conseiller au conseil supérieur d'Alsace, épousa, en 1720, Jeanne-Marie *de Noblet*, dont postérité.

ÉVERLANGE (D')

ARMES : D'azur à la fasce d'argent, accompagnée de deux étoiles à six rais d'or, une en chef et l'autre en pointe. *Cimier* : Un buste d'homme vêtu mi parti d'or et d'azur, à l'étoile à six rais de l'un en l'autre.

La maison d'Éverlange est originaire de Bohême, son nom patronymique était anciennement *Teutingen*. Jean d'Éverlange ,

chevalier, suivit le roi de Bohême dans le Luxembourg, et reçut
de ce prince, en 1311, la nuit de la purification, en récompense des
services qu'il lui avait rendus, la seigneurie d'Éverlange ou Éver-
lingen et celle d'Arloncourt, qui depuis lors, resta dans la possession de ses descendants jusqu'à vers 1630. La famille d'Éverlange posséda encore les domaines et seigneuries de Witry,
ayant droit de haute, basse et moyenne justice, une des terres
les plus considérables du duché de Luxembourg, relevant immédiatement du souverain, du Chatelet, de Palen, Falkenstein, Jupille, Sommières, Beaumont, Lignières, Longuyon, Belven, Bologne, Remoiville, Hollange, le comté de Chesnes, Rodange,
Assenois, Cobraiville, Strinchamps, Wisampach, etc., etc.

Voici un extrait de la généalogie de cette famille depuis le xvi⁰
siècle.

V. Nicolas d'Éverlange, seigneur d'Arloncourt, fils
de Bernard, épousa Marie-Thirionette *de Vance*, dont :

VI. Bernard d'Éverlange, seigneur d'Arloncourt,
capitaine d'infanterie, gouverneur et prévôt d'Arlon,
mort en 1595 et enterré dans l'église des Carmes à
Arlon, épousa : 1° Gilette *de Vance*, dame du Chatelet ; 2° en 1545, Catherine *de Dave*, décédée en 1606,
fille de Jean, seigneur de Bodange, et de Jeanne *de
Jodenville*. Il eut du premier lit :

1° Anne, mariée à Jean *de Nothum*, échevin de la ville
d'Arlon, fils de Henri, et de Marguerite *de Blas-
senheim* ;

Il eut du second lit :

2° Nicolas, qui suit ;

3° Georges, seigneur de Palen, prévôt de Bologne,
épousa Catherine *de Warck*, fille de Nicolas, et
de Jeanne *de Berghes*, dame de Nalbach. Il fut
membre de l'état noble du duché de Luxembourg
en 1601, et laissa :

a. Ferdinand d'Éverlange, chevalier, prévôt de Bologne et de Kœnigsmaeker, épousa Marguerite *de Birsdorff*, dont :

Ferdinand d'Éverlange, seigneur de Bologne, marié à Françoise *d'Ebly*, dont il eut :

aa. Robert d'Éverlange, marié à sa cousine Marie *d'Éverlange*, dame héritière de Falkenstein et d'Éverlange, fille de Jean-Mathieu, et de Madelaine *de Baur de Kitzingen*; *bb*. Salomon d'Éverlange, chevalier, seigneur de Remoiville et de Hollange, épousa Ludvine *de Favaige*, laquelle le rendit père de : *A*. Robert d'Éverlange, chevalier, seigneur de Remoiville et de Hollange, épousa en premières noces, le 28 juin 1720, Thérèse *de Laval*, et en secondes noces, en 1741, la fille du marquis *de Boudonville* ; *B*. Jean-Salomon d'Éverlange, seigneur de Remoiville et de Hollange avec son frère, épousa le 28 novembre 1714, Marie-Isabelle, baronne *de Bertholf de Belven*, dame de Raderen, fille de Georges, et de Catherine *de Schwartzenberg*.

b. Jean-Pharamond d'Éverlange, seigneur de Falkenstein, président du conseil de Luxembourg en 1678, épousa : 1° la fille du conseiller privé du roi d'Espagne à Madrid, *de Vulder*, morte sans enfants ; 2° Anne *de Pfortzenheim*, fille de Nicaise, et d'Anne *de Lontzen*, dite *de Roben*, dont il eut :

aa. Jean-Mathieu d'Éverlange, seigneur de
Falkenstein, épousa Madelaine *de Baur
de Kitzingen*, dame en partie d'Éverlange, dont une fille : Marie d'Éverlange,
dame en partie d'Éverlange et de Falkenstein, mariée à Robert *d'Éverlange*, son
cousin, seigneur de Hollange.

bb. Barbe d'Éverlange, dame de Falkenstein
en partie, se maria avec Théodore *de
Stein*, seigneur de Bologne et de Hef-
fingen, fils de Didier, et de Marguerite
de Gessenich.

c. Christophe d'Éverlange, épousa Marguerite
de Brocken, dame de Bettendorff, sans postérité.

VII. Nicolas d'Éverlange, seigneur de Witry et du
Chatelet, membre du siége des nobles du duché de
Luxembourg et comté de Chiny en 1605, mort en 1626,
épousa Marie *de Lamborelle*, fille de Robert, seigneur
de Witry, Hallange et Hollange, et de Marguerite *de
Durbuy*, dame de Witry. Il rebatit en 1612, le château de Witry, qu'il entoura de quatre tours et de fossés et lui donna l'importance d'une forteresse. Ils
eurent :

1° François, moine à Orval, mort au Chatelet en 1636;

2° Jean, qui suit ;

3° Alexandre, seigneur en partie de Witry, épousa
Marthe *de la Magery* ;

4° Salomon, seigneur de Palen, épousa : 1° en 1630,
Élisabeth *de Ham*, dame de Luttange; 2° en 1637,
Marie *de Roben de Lontzen*, fille de Paul, et de

Catherine *d'Orley-Linster*. Il eut du premier lit :

a. Ermengarde ;

b. Lucie, abbesse d'Echternach, en 1685 ;

c. Jeanne, religieuse à Bastogne ;

d. Georges-Frédéric, seigneur de Palen, mort le 23 mars 1727, épousa en 1673, Claude-Marguerite *de Gourcy*; dame de Wachemont, fille de Bernard et de Marguerite *de Kessel*, dont :

Jean-Nicolas d'Éverlange, seigneur de Longuyon, épousa, le 1er mars 1703, Marguerite-Christine-Honorine *de Laittres,* dame en partie de Belven, fille de Philippe-Edmond, seigneur de St-Mard, gouverneur et prévôt de Virton, et de Marie-Élisabeth *de Nassau.* De ce mariage naquit un fils, Albert-Hyacinthe d'Éverlange, chevalier, seigneur de Palen et de Longuyon, qui épousa, le 28 octobre 1725, Marie-Antoinette *de Rolly*, fille de Joseph, baron *de Rolly*, seigneur de Mercy-le-Bas, et de Marie-Christine *de Pouilly,* dont : *aa.* François-Hyacinthe d'Éverlange, seigneur de Belven en partie ; *bb.* Léopold d'Éverlange, lieutenant au service de France ; *cc.* Marie-Christine d'Éverlange ; *dd.* Marie-Thérèse d'Éverlange ; *ee.* Marguerite d'Éverlange, mariée à François *de Prouvy.*

5° Anne, épousa Jean *de la Mouilly*, seigneur de Margny, 1606 ;

6° Catherine, dame héritière d'Arloncourt et du Chatelet, épousa Antoine *de Blanchart*, seigneur de
Belvaux, membre du siége des nobles du duché
de Luxembourg, fils d'Antoine, et de Jeanne *de
Brenner* ;

7° Marie, épousa Clément *de Senocq*.

VIII. Jean d'Éverlange, seigneur de Witry, membre du siége des nobles du duché de Luxembourg et
comté de Chiny, en 1637, épousa, le 18 octobre 1633,
Françoise *d'Auxbrebis*, dame de Saint-Mard et Sommières, fille du seigneur de Sommières, et de Marie
de Ruffignon, dame héritière de Jupille, dont :

1° Robert, mort sans hoirs en 1679 ;

2° Jean-Bernard, qui suit ;

3° Marie-Jeanne, mariée à Ferdinand *de Blanchart* ;

4° Marie, épousa Jean *de Villers-Masbourg*.

IX. Jean-Bernard d'Éverlange, seigneur haut-justicier de Witry, Jupille, Sommières, Lignières, Beaumont, membre du siége des nobles du duché de Luxembourg et comté de Chiny, né le 17 novembre 1634,
mort le 23 décembre 1699, épousa, le 25 septembre 1675,
Élisabeth-Michelle *de Lardenois de Ville*, décédée le
19 novembre 1740, fille de Charles, seigneur de Naomé,
Dohan, et de Marguerite-Marie-Thérèse *de Waha*,
dame de Mabouge et de Bergenhausen ; ils reposent
dans l'église de Witry, où l'on voit leur tombe ornée
de leurs seize quartiers :

Witry, — *Dave*, — *Lamborelle*, — *Durbuy*, — *Auxbrebis*, —
Brisbois, — *Ruffignon*, — *Rochefort* ; = *Lardenois de Ville*, —
Lierneux, — *Mouzay*, — *Orey*, — *Waha*, — *Wal*, — *Merode*,
— *Vervoz*.

Jean-Bernard d'Éverlange, et Élisabeth-Michelle *de Lardenois de Ville* eurent :

1° Anne-Françoise, née le 24 novembre 1676 , épousa Philippe *de Bande*, seigneur de Waha ;

2° Charles-Bernard, né le 7 août 1679 ;

3° Théodore-Ignace, qui suit ;

4° Gérard-Bernard, seigneur de Jupille, né en 1683 , épousa le 24 février 1711, Pétronille *de Warnant*, fille de Jean-Henri, seigneur de Filly, et de Sabine-Thérèse *de Tomboy d'Enghien* ;

5° Marie-Marguerite, née le 16 février 1689, décédée le 24 décembre 1766, épousa le 5 mai 1714, Jean-Jacques *de Laittres*, seigneur de Rossignol, membre de l'état noble du duché de Luxembourg et comté de Chiny, mort sans postérité en 1759, fils de Gilles *de Laittres*, et de Marguerite *de Litard* ;

6° Robert, seigneur de Sart, Beaumont, Lignières, né en 1691, épousa Marguerite-Charlotte *de Warnant*, sœur de Pétronille, fille de Jean-Henri *de Warnant*, et de Sabine-Thérèse *de Tomboy d'Enghien*. Ils eurent :

    a. Théodore-Ignace d'Éverlange, seigneur de Lignières, Sart, Beaumont, major au régiment de Puebla, au service de S. M. I. se distingua à la bataille de Kollin, 18 juin 1757, pendant la guerre de sept ans, épousa, le 10 février 1751, Marie-Anne, baronne *de Stensch*, fille de Georges, baron *de Stensch*, général de S. M. I., gouverneur de Cronstadt, en Transylvanie, et de Xavière, baronne *de Wuxelbourg*, dont une fille unique religieuse ;

b. Jean-Baptiste d'Éverlange, épousa en 1749, Élisabeth *de Vervoꝫ*, dame héritière d'Oneux. Il est l'auteur de la branche d'Oneux ;

c. Mabile-Élisabeth-Michelle d'Éverlange, épousa Pierre *de Velpen*, seigneur de Budingen, fils de Gisbert *de Velpen* dit *Everaerts*, et d'Isabelle *de Longin*, dame de Budingen ;

d. Jacques d'Éverlange, capitaine au régiment de Puebla, au service Impérial, épousa en Allemagne, la comtesse *de Pranck*, sans postérité.

7° Nicolas, baron d'Éverlange, chevalier, seigneur de Sommières et de Chesnes à Han, né en 1692, créé baron par diplôme de l'impératrice Marie-Thérèse, épousa, le 1er octobre 1715, Anne-Françoise, comtesse *de Rougrave*, fille de Guillaume, seigneur de Serainchamps, et de Marie-Élisabeth *du Mont de Hustenay*. De cette alliance vinrent :

a. Denis-Charles-Ange, baron d'Éverlange, seigneur de Sommières, prêtre ;

b. N. d'Éverlange, dite mademoiselle *de Sommières*, religieuse.

X. Théodore-Ignace d'Éverlange-Witry, chevalier, seigneur haut-justicier de Witry et du comté de Chesnes, Cobraiville, Strinchamps, Assenois, Wissampach, membre du siége des nobles du duché de Luxembourg et comté de Chiny, né le 3 octobre 1681, mort à Aix-la-Chapelle le 21 juillet 1728, épousa, au château de Meilbourg, le 25 mai 1704, Marie-Catherine-Claude, comtesse *de Gevigny de Pointe*, fille de Jean-François, seigneur de Meilbourg, Sentzig, grand-bailli d'épée et chef de la noblesse du gouvernement et pays de Thionville, et de Thérèse *de Jegher de Lochtenbourg*. Étant veuve, elle se remaria à Joseph *de Geisen*, et mourut en 1749. La tombe de Théodore-Ignace d'Éverlange, qui se trouve à Witry, est ornée de ses quartiers et de ceux de sa femme, savoir :

Éverlange, Lamborelle, Auxbrebis, Ruffignon, Lardenois de Ville, Mouçay, Waha, Mérode ; Gevigny, Larochelle, Mouterbé, du Tartre, Jegher, Spiring, Berghes et Bolant.

De ce mariage naquirent neuf enfants, savoir :

1° Marie-Élisabath, née en 1706, morte sans alliance;

2° Marie-Gabrielle, née en 1708 ;

3° Marie-Marguerite, née en 1709 ;

4° François-Ignace, chanoine de Neufmoustier, né le 25 juillet 1710, mort à Witry en 1763 ;

5° Marie-Reine-Philippine, née en 1712 ;

6° Ernest-Guillaume, qui suit ;

7° Jean-Joseph, mort en célibat;

8° Marie-Élisabeth, morte sans alliance;

9° Louis-Hyacinthe, né le 2 août 1719, chanoine noble de la métropole de Tournay, aumônier d'honneur de S. A. R. le prince Charles de Lorraine à la cour de Bruxelles, membre de l'Académie impériale et royale des sciences et belles-lettres.

XI. Ernest-Guillaume, baron d'Éverlange-Witry, comte de Chesnes, seigneur haut-justicier de Witry, seigneur de Bodange, Cobraiville, Assenois, Wissampach, Strinchamps, né le 29 octobre 1713, membre du siége des nobles du duché de Luxembourg et comté de Chiny, épousa, le 16 septembre 1742, Marie-Anne-Aldegonde *de Brialmont*, dame des Enneilles, Morville et Olizy, fille d'Ignace, et de Marguerite-Gérardine *de Coppin de Beausaint*. Ils eurent dix enfants, savoir :

1° Alexandre, baron d'Éverlange-Witry, comte de Chesnes, seigneur de Witry, né à Witry le 21 juin 1743, capitaine au service impérial, tué à la bataille de Hochkirck, le 20 mai 1778, sans hoirs ;

2° François-Joseph-Louis d'Éverlange-Witry, chanoine de Tongres, né à Witry le 18 août 1744, mort le 6 octobre 1805 ;

3° Marie-Louise-Élisabeth d'Éverlange-Witry, née le 11 mars 1746, épousa, le 13 août 1763, Charles-François-Joseph, baron *Van der Straten Waillet*, membre du siége des nobles du duché de Luxembourg et comté de Chiny, fils de Charles-Fortuné-Henri, et de Marie-Josèphe *de Brialmont;*

4° Charles-Fortuné-Joseph d'Éverlange-Witry, chanoine de Tournay, né le 26 août 1747, mort le 17 décembre 1791 ;

5° Jean-Bernard-Auguste, baron d'Éverlange-Witry, né le 17 avril 1749, colonel au service de l'Électeur Palatin, chambellan de S. M. le roi de Bavière, gentilhomme de la cour de S. A. le prince Guillaume de Bavière ; racheta la terre de Chesnes-à-Han, dans le Luxembourg, de la succession de la branche de Sommières et y mourut le 7 février 1813, sans avoir eté marié ;

6° Charles-Antoine-Théodore d'Éverlange-Witry, né le 2 mars 1751, lieutenant dans le régiment Royal-Suédois, au service de France ; puis, en 1778, chanoine de Tongres ;

7° Jean-Jacques-Théodore d'Éverlange-Witry, né le

31 décembre 1752, page du prince-évêque de Liége ; puis, en 1780, chanoine de Huy ;

8° Robert-Joseph d'Éverlange-Witry, dit le *Chevalier de Witry*, né à Witry le 6 avril 1754, page de S. A. R. le prince Charles de Lorraine à la cour de Bruxelles ; chevalier de l'ordre de Malte le 21 septembre 1780 ; ensuite officier au régiment Royal-Suédois au service de France, émigra de France en 1796 ; secrétaire d'ambassade du comte de Litta, ambassadeur de l'ordre de Malte auprès de l'empereur Paul de Russie, à St-Pétersbourg. Après la réorganisation de l'ordre de Malte en Russie, le chevalier de Witry fut commandeur de l'ordre au chapitre du 27 octobre 1798 ; l'empereur lui conféra la charge de trésorier du prieuré de Russie. En 1804, il quitta la cour de St-Pétersbourg, et se fit jésuite à Dunebourg, sous le nom de *Père Everlingen*, et obtint du duc de Richelieu, la direction de l'instruction publique et des collèges d'Odessa dans le gouvernement de la Crimée. Il mourut dans cette ville le 14 mai 1815 ;

9° Anne-Antoinette-Scholastique d'Éverlange-Witry, religieuse à la Providence à Charleville, morte le 6 septembre 1804 ;

10° Paul-Ferdinand d'Éverlange-Witry, né en 1758, mort le 23 février 1760.

FAING (DU)

L'illustre maison du Faing connue dès le xiie siècle, tire son origine de l'antique maison comtale de Duras, et son nom du manoir de Faing près de Jamoigne. Elle est une de ces rares maisons de l'ancienne chevalerie Luxembourgeoise qui se soit continuée jusqu'à nos jours, elle a contracté des alliances illustres, qui la mettent sans contredit au nombre des premières familles patriciennes du Luxembourg.

Cette maison s'est divisée en deux branches : l'aînée qui portait *d'or à l'aigle de gueules, les ailes abaissées*, eut en partage les seigneuries de Walcourt, Rochefort et du Faing, elle s'éteignit vers la fin du xiiie siècle, dans la personne de Jean, seigneur du Faing, de Presles et de Villemont, mort sans laisser de postérité de Michelle *de Malberg*, dame de Sainte-Marie.

La branche cadette, qui portait *d'or à l'aigle au vol abaissé de sable, becquée, membrée et languée de gueules*, s'est continuée jusqu'à nos jours, elle a compté quatorze générations, depuis son origine positivement établie jusqu'à son extinction dans les mâles en 1855, dans la personne de Henri-Antoine-Joseph-Éloi du Faing, conseiller à la Chambre des comptes du Grand-Duché de Luxembourg, décédé le 17 mars 1855.

I. Hugues, seigneur du Faing et de Breu, général de l'armée du duc de Bourgogne devant Montbélliard, en 1473, et de celle de l'archiduc Maximilien Ier, devant Ivoy, en 1478, mourut gouverneur de Luxembourg en 1480. Il avait épousé Jeanne *de Hautoy*, de laquelle il eut :

1º Henri, qui suit ;

2° Persé, archidiacre et chanoine noble-gradué de la métropolitaine de Trèves;

3° François, épousa Jeanne *de Reumont*, dont il eut :

Claude du Faing, mort en 1616, marié à Manon *de Monzay*, dame en partie du dit lieu, de laquelle il eut deux fils :

Gilles et Baudouin, ce dernier épousa Anne *de Lellich*, dame de Villette en Lorraine ;

4° Michel, épousa Marie *de Housse*, morts sans hoirs.

II. Henri, seigneur du Faing, de Linay, la Crouée et Griffemont, épousa Agnès *de Tassigny*, dont :

III. Jean, seigneur du Faing, de Linay, la Crouée, etc., gouverneur, capitaine et prévôt du comté de Chiny, mort en 1594, épousa, Françoise *de Cugnon*, dame d'Ethe et de Belmont, morte en 1604, dont il eut :

1° Gilles, qui suit ;

2° Baudouin, seigneur de la Crouée, Thône le Prels, etc., gouverneur, capitaine et prévôt de Chauvancy, épousa Salome *de Monteville*, dame de Villerond, dont :

  a. Gilles du Faing, tué à la bataille de Prague, sans postérité ;

  b. André du Faing, capitaine de cavalerie, mort à la Veluwe, en célibat ;

  c. Alexandre du Faing, seigneur de la Crouée, Villerond, etc., gouverneur, capitaine et prévôt de Chauvancy, épousa Yolante *d'Orchinfaing*, dame d'Aigremont, Matton, Dampicourt, Mesnil, Vance et Chantenelle ;

  d. Jeanne du Faing, religieuse à Claire-Fontaine.

IV. Gilles du Faing, seigneur de Linay, Griffemont, la Crouée, Jamoigne, souverain bailli de Flandres, conseiller de courte robe au conseil de Luxembourg, et conseiller du conseil suprême de guerre de S. M. C., fut créé chevalier par lettres du 26 septembre 1595.

Philippe .... etc., savoir faisons que pour la bonne relation que faite nous a été de la personne de notre amé et féal Gilles *du Faing*, seigneur de la Crouée, notre vassal en notre pays et duché de Luxembourg, et de ses honorables comportements durant les cinq années qu'il a été par deçà ; même qu'il a représenté les services qu'il allègue nous avoir rendus en notre pays d'embas en fait de guerre en diverses actions et entreprises ; et qu'il y aurait servi quelque temps avec quatre chevaux à ses frais, comme volontaire ; en outre que ses prédécesseurs, gentils-hommes connus par-delà, se soient en tout temps employés et acquittés en charges honorables de notre service ; nous, pour ces causes et afin de stimuler davantage le dit Gilles *du Faing* a suivre leurs traces, et désirant favorablement le traiter, élever et honorer, l'avons cejourd'hui, fait créer chevalier de la main de notre très-cher et bien-amé bon fils, le prince royal, et le tenons fait et créé tel comme si de la notre propre l'eussions ainsi fait et créé. etc. Saint-Laurent, le 26 de septembre 1595.

La terre de Jamoigne, au comté de Chiny, fut érigée en baronnie, par lettres du roi Philippe IV, du 24 janvier 1623, en sa faveur. Il mourut le 11 décembre 1633, ayant épousé Marguerite *de Steenlant*, dame de Hasselt, Hoyen, Marckeghem, Rye, Pontrave, etc., laquelle lui survécut jusqu'au 1er mars 1655. Elle était fille de Pierre, chevalier, conseiller du conseil en Flandres, et de Marguerite *Martens*. De cette alliance vinrent :

1° Georges-François, sans postérité ;

2° Philiberte, épousa N. *de Zelhauxen* ;

3° Philippe-François, qui suit ;

4° Albertine, sans alliance ;

5° Diego, sans alliance ;

6° Ignace, sans alliance.

V. Philippe-François du Faing, baron de Jamoigne, seigneur de Hasselt, Fourny, Pontrave, Marckeghem, etc., conseiller de courte-robe au conseil de Luxem-:.ourg, député ordinaire de l'état noble de la dite province, gentilhomme de la bouche du roi, gouverneur de Florenville, capitaine, prévôt et gruyer du comté de Chiny. Il fut créé comte de Hasselt, en Flandres, par lettres du roi Philippe IV du 17 octobre 1661, et mourut le 2 décembre 1680. Il avait épousé Pétronille-Isabelle *Morel*, décédée le 7 juillet 1686, fille de Georges, seigneur de Tangry et d'Anne *de Wadripont*. De ce mariage vinrent plusieurs enfants entr'autres :

1° Lamberte-Constance du Faing, dame de l'ordre de la croix étoilée, mariée, en 1684, à Charles, comte *des Armoises*, marquis d'Aunoy, conseiller d'état du duc Léopold de Lorraine, et gouverneur des princes ses fils; il mourut sans postérité, le 9 octobre 1728 ;

2° Alexandre-Georges, qui suit :

VI. Alexandre-Georges du Faing, comte de Hasselt, baron de Jamoigne, etc., premier échevin de la Keure de Gand, en 1709, mort le 3 juillet 1709, épousa Marie-Isabelle-Ernestine *de Gand*, comtesse de Liberchies, morte en novembre 1749, fille d'André *de Gand*, comte de Liberchies, vicomte d'Audrignies, maréchal des camps et armées du roi d'Espagne, gouverneur d'Ath, et de Valérie-Isabelle *de Schyngen*. De cette union naquit une fille :

Lambertine-Lamorale-Thérése du Faing, comtesse de
Hasselt, baronne de Jamoigne, dame de la croix
étoilée, née le 6 juillet 1708, décédée le 1er mai 1786,
mariée le 17 avril 1727, à Eugène-Hyacinthe-Marie-
Joseph-Ignace *de Lannoy*, comte de la Motterie,
baron d'Aix et de Sombreffe, général d'artillerie
des armées de l'impératrice-reine, grand-maréchal
de la cour de Bruxelles, gouverneur de Termonde
et puis de Bruxelles, chevalier de la Toison d'or,
mort à Bruxelles, le 10 septembre 1755. Il était fils
de François-Hyacinthe *de Lannoy*, comte de la
Motterie, et de dame Françoise *de Gavre d'Ay-
seau*.

FALKENSTEIN (DE)

ARMES : *De gueules au faucon d'argent, surmontant une colline de sinople.*

Cette maison aujourd'hui éteinte, était une des plus anciennes du Luxembourg, où elle possédait la seigneurie de
Falkenstein, située sur l'Our à une lieue de Vianden. Cette famille déjà mentionnée parmi la première noblesse du pays, dès la
seconde moitié du xiie siècle, fut en 1397, honorée de la dignité de
comte, par l'empereur Wenceslas, dans la personne de Philippe
de Falkenstein, seigneur de ce lieu, en récompense des bons et
loyaux services que lui et ses ancêtres avaient rendus, tant
à la maison de Luxembourg qu'à celle de Bohême, dans les
hauts emplois qu'ils avaient occupés, tels que celui de chambellan, etc., etc.

FAUCON (DE)

Charles, etc. De la part de notre cher et bien-amé Jean-Pierre *de Faucon*, seigneur de Redu en notre pays et duché de Luxembourg, nous a très humblement remontré, qu'étant aussi des familles nobles du pays de Liége, il aurait rendu plusieurs services à notre très auguste maison en Allemagne, d'où il serait passé aux Pays-Bas en 1638, avec l'armée y conduite par le duc Picolomini et serait tenue avec icelle aux prises de la Chapelle, Chastellet et Corbie, en quelle considération, l'empereur Léopold lui aurait accordé, le 29 avril 1673, des lettres de confirmation de noblesse, nous suppliant de lui permettre, en vertu d'icelle, la jouissance en notre pays et duché de Luxembourg, des privilèges franchises et exemptions dont jouissent les nobles d'icelui, et sur ce lui faire dépêchier lettres patentes en tel cas pertinentes. *Savoir faisons*, que nous les choses susdites considérées, avons de notre certaine science, autorité souveraine et grâce spéciale, pour nous, nos hoirs et successeurs, au dit Jean-Pierre *de Faucon*, en semble ses enfants et postérité, nés et a naître de légitime mariage, accordé et octroyé, accordons et octroyons par ces présentes, au lieu de la permission qu'il demande, le titre et degré de noblesse, et de porter les armoiries dont il avait ci-devant usé, savoir : *un écu parti d'azur et de gueules, le dessus coupé, au premier coin au faucon d'argent, à l'autre une croix de même, l'heaume ouvert, bourelé d'argent et d'azur, une couronne d'or surmontée d'un faucon d'argent, panaches d'argent et d'azur.* Madrid, 21 janvier 1676.

FELTZ (DE)

ARMES: D'argent à trois pals de gueules, chargés chacun de trois besants d'or, au chef d'or à deux merlettes de sable. *Couronne*: à perles. *Supports*: Deux lions d'or contournés, armés et lampassés de gueules.

La famille de Feltz, est très ancienne, elle a longtemps été échevinale et habituée dans la ville de Luxembourg.

On trouve en 1452, un Thilman von Feltz échevin de la dite ville.

I. Jean-Jacques ou Jean-Ignace baron de Feltz, seigneur de Mœstorff et La Rochette, conseiller-receveur-général des aides et subsides du duché de Luxembourg, épousa Marie-Elisabeth *de Meven-Heinsberg*, de Maestricht, dont :

1° Louis-Jean-François, créé baron de Feltz, par patentes du 2 septembre 1757, mort sans postérité le 14 février 1782;

2° Guillaume-Antoine-François, qui suit :

II. Guillaume-Antoine-François, baron de Feltz, seigneur de Mœstorff, secrétaire d'état au gouvernement général des Pays-Bas, envoyé extraordinaire et ministre plénipotentiaire de S. M. R. et I. près la cour Batave en 1809, fut créé baron, par lettres patentes du 25 janvier 1772 :

« Marie-Thérèse, etc. etc.. Les bons et utiles services que ceux de la famille *de Feltz* ont rendus pendant très longtemps à notre auguste maison dans les différents emplois, tant civils que militaires, dont ils ont été revêtus, nous ont porté, en 1756, à hono-

rer du titre de baron, applicable à la terre et seigneurie de Moestorff, située *en notre province et duché de Luxembourg*, feu
Jean-Jacques *de Felt*, en son vivant conseiller en notre conseil
provincial à Luxembourg, avec les enfants procréés de son mariage avec Marie-Élisabeth *de Meven* et leurs descendants légitimes, en ligne directe et selon l'ordre de primogéniture ; et nous
avons fait expédier, le 2 septembre 1757, à la dite Marie-Élisabeth
de Meven, sa veuve, nos lettres patentes de concession de ce
titre, avec rétroaction à la personne du même Jean-Jacques *de
Feltz*, décédé au mois de décembre 1755 ; et faisant à présent une
attention particulière au compte avantageux qui nous a été rendu
du zèle et de l'intelligence que notre cher et bien-amé Guillaume-
Antoine-François *de Feltz*, son fils cadet, auditeur titulaire
de notre Chambre des comptes aux Pays-Bas, avec distinction
pour le bien de notre royal service, nous voulons lui donner
un témoignage public de notre royale bienveillance en étendant
à sa personne et à sa postérité légitime, suivant l'ordre de primogéniture, le titre de baron que son frère aîné serait seul en
droit de porter, en conséquence des lois héraldiques en vigueur
dans nos provinces des Pays-Bas. Avons à ces causes, de notre
certaine science, grâce, libéralité, pleine puissance et autorité
souveraine, et de notre propre mouvement, créé et créons par
les présentes le même Guillaume-Antoine-François *de Feltz*,
baron de son nom, ainsi que ses enfants et descendants, de l'un
et de l'autre sexe, à naître de mariage légitime, en ligne directe
et selon l'ordre de primogéniture, barons et baronnes. Consentons et permettons en conséquence qu'ils puissent et pourront
porter le titre de baron *de Feltz* et l'appliquer, etc.; lui accordons
et permettons ainsi qu'à ses enfants et descendants, comme dit
est, de porter en plein les armoiries de la famille qui sont d'argent à trois pals de gueules chargés chacun de trois besants
d'or, au chef d'or à deux merlettes de sable ; l'écu sommé d'une
couronne à perles et supporté de deux lions d'or contournés,
armés et lampassés de gueules. etc. Vienne, 25 janvier 1772.

Guillaume-Antoine-François, baron de Feltz, mourut en 1820, ayant épousé le 17 mai 1774, Rosalie-Lucie

Helman de Termeeren, fille de Philippe-Joseph-Hubert *Helman*, baron de Termeeren, et de Marie-Christine, comtesse *Van Overstraeten*, dont:

1º Marie-Françoise-Rosalie, baronne de Feltz, née à Bruxelles le 10 février 1779, mariée en la dite ville, le 25 septembre 1801, à Philippe-Ferdinand Marie-*d'Hemricourt*, comte *de Grunne-Pinchart* et du St Empire Romain, mort conseiller intime de S. M. I. et grand maître de la cour de S. A. I. l'archiduc Charles, fils de Philippe-Antoine-Marie-Joseph, et de Madelaine-Christine-Rachel *de Holstein*;

2º Sophie-Louise-Zohé, baronne de Feltz, née à Bruxelles le 28 novembre 1780, mariée le 5 avril 1802, à Philippe-Louis-Marie-Ghislain, comte *Vilain XIIII*, né à Gand, le 17 décembre 1778, fils de Philippe-Mathieu-Ferdinand-Jean-Ghislain, et d'Anne-Marie-Colette *de Ghellinck*.

FLORENVILLE (DE)

ARMES: D'argent à trois bandes d'azur (selon Mathieu Husson dit l'Écossais, *d'argent à quatre bandes d'azur*) à l'ombre d'un lion de sable brochant sur le tout; à la bordure engrelée de gueules.

L'ancienne maison de Florenville ou *Florainville*, est sans contredit l'une des plus illustres familles du Luxembourg; elle descend des anciens sires de Trazegnies, au Hainaut, issus de la souveraine maison de Bourgogne.

Othon, premier baron *de Trazegnies* et de Silly, pair du Hainaut, descendant au sixième degré, de Gillon dit le Grand, sire de Trazegnies et de Silly, généralissime des armées Babilonniennes, tué au Grand Caire, et de Mahaute, fille du comte *d'Ostrevant*, épousa Mahaute, fille de Louis, comte *de Chiny*, et de Marie *d'Avesnes*. Il fonda en 1230 le grand prieuré d'Herlaimont; les annales de l'abbaye de Floreffe, rapportent qu'en 1289, un différent étant survenu entre cette dernière et le sire de Trazegnies, l'abbé de Floreffe, Wauthier de Leez, fut par ordre du sire de Trazegnies, conduit prisonnier au château de Florenville. Il ne recouvra sa liberté, que grâce aux instances du prévôt de Bouillon.

Isabelle de Florenville et Jean *Lardenois*, son fils, firent accord avec le prieur de Chiny touchant le moulin de S¹ᵉ Cécile. (Berth., t. VI, p. 270).

L'ancienne maison de Florenville, s'éteignit dans les maisons de *Beauveau-Fléville* et de *Choiseul-Meuse;* il ne restait du nom, au siècle dernier, que madame l'abbesse de S¹ᵉ Marie, de Metz, abbaye séculière de chanoinesse.

I. René de Florenville, seigneur de Fains, bailli de Clermont en 1517, épousa Louise *de Bauvau* (d'argent à quatre lionceaux de gueules, armés, lampassés et couronnés d'or), fille d'Achille, et de Jeanne *d'Aboncourt*, dont il eut:

II. Claude de Florenville, seigneur de Fains, bailli de Bar, marié à Jacqueline *de Roucy* (de gueules à un choux d'or), fille de Nicolas, seigneur de Marne, et de Barbe *de Salazat*, dont:

III. René de Florenville, seigneur de Fains, épousa sa parente, Anne *de Florenville*, fille de Jean, bailli de Verdun, et d'Antoinette *de Harchies*, dont:

1° René, qui suit ;

2° Antoinette, mariée à Wary *de Savigny* (de gueules à trois lions d'or).

IV. René de Florenville, épousa Madeleine *de Ragecourt* (d'or à une tour de sable), fille de Philippe, seigneur d'Ancerville, et de Philippine *de Gournay*, (de gueules à trois tours d'argent posées en bande), dont une fille unique :

Catherine, mariée au baron *de Meuse*.

GALLIOT (DE)

ARMES : D'azur semé de fleurs de lis d'or, au lion du même, armé et lampassé de gueules, brochant sur le tout. *Cimier* : Le lion naissant de l'écu, entre un vol d'azur semé de fleurs de lis d'or.

La maison de Galliot appartient à une de ces anciennes familles de France, établies au pays de Namur, qui aux xvᵉ et xvıᵉ siècles, jouissaient, sinon de tous les priviléges et de toutes les distinctions inhérents et réservés à la noblesse, du moins de la considération publique qui était quelquefois devenue pour elles le principal apanage d'une origine noble ou sans tache. Elle obtint des lettres d'anoblissement de l'impératrice Marie-Thérèse, le 29 août 1750. Les exemples d'anoblissements superflus et abusifs, se rencontrent souvent dans les familles, l'indifférence des intéressés, coupable sans doute mais moins rare qu'on ne le croit, les exigences pressantes des hérauts d'armes, sans compter l'ignorance de ces officiers publics, suffisent pour expliquer cet état de choses, nul n'ignore du reste, qu'un anoblissement n'est valable, que jusqu'à preuve contraire, dès qu'il devient possible de constater l'existence de la noblesse antérieurement à la date de l'octroi du souverain, cet octroi devient caduc et disparaît *Ipso facto*.

Selon le savant d'Hozier, la maison de Galliot aurait pour origine les anciens seigneurs de Gourdon en France. Elle a produit plusieurs grands hommes, entr'autres : 1º Messire de Galliot de Genouillac, seigneur de Brussac, grand maître de l'artillerie du roi de France, François Iᵉʳ; 2º Son Éminence Ptolémée de Galliot, cardinal archevêque de Siprute ; 3º Son Éminence Antoine-Marie de Galliot, archevêque de Pérouse ; 4º Messire Galliot, avocat au conseil provincial de Namur, conseiller au souverain Balliage du même pays et comté, etc., auteur d'une bonne histoire générale ecclésiastique et civile de la province de Namur en six volumes.

I. Jean-Jacques Galliot, époux de Catherine *Maillart*, fut père de :

1º Ernest, qui suit ;

2º Marie, mariée à Jean-Jacques *Misson* (d'or au chevron de gueules, accompagné de trois trèfles de sinople, 2 en chef, 1 en pointe), né à Namur le 25 août 1640, fils de Jacques, et de Françoise *Thiry*.

II. Ernest Galliot, échevin et capitaine d'une compagnie bourgeoise de Namur, épousa Catherine *Druhance*, ils testèrent le 5 avril 1684. Leurs enfants furent :

1º Claude-Robert, chanoine régulier de Malonne ;

2º Marie-Catherine, religieuse à Salzinne ;

3º Marguerite, mariée à François *de Rouveroy* (d'or au sautoir de gueules, chargé en abîme d'une griffe de lion placée en pal), fils de Guillaume, et de Marguerite *Hubert*; petit-fils de Mathieu *de Rouveroy* et d'Anne *du Pont*, dont :

Marie-Françoise de Rouveroy, mariée à Nicolas-Henri *Baré de Comogne* (d'argent au léopard passant de gueules, couronné d'or à l'antique), né à Namur le 2 avril 1693, fils de Henri-François, capitaine d'une compagnie bourgeoise à Namur, et de Louise-Adrienne *de Hun*;

4° François-Adrien;

5° Ernest, chanoine de St-Michel;

6° Pierre-Jacques, qui suit;

7° Antoine, marié à Marie-Constance *Bodart* (parti d'azur à cinq bandes d'or, coupé de gueules à deux dauphins d'argent affrontés; et d'argent à trois quintefeuilles de gueules boutonnées d'or, feuillées de sinople).

III. Pierre-Jacques Galliot, membre du conseil provincial, 3 juin 1720, et échevin noble de Namur, puis capitaine d'une compagnie bourgeoise de la même ville, épousa Barbe-Théodorate *d'Hinslin* (de sable au chevron d'or, au chef d'argent chargé de deux branches de laurier de sinople, passées en sautoir et chargées sur leur point de jonction d'une couronne d'or), née le 28 novembre 1687, fille de Louis, lieutenant de cavalerie, puis maître des postes et capitaine d'une compagnie bourgeoise à Namur, et de Marie *Servati* (écartelé : au 1 et 4 de gueules à deux fasces d'argent; au 2 et 3, d'azur à la bande échiquetée d'argent et de gueules de deux tires, au chef d'or à l'aigle naissante de sable languée de gueules), dont :

1° Pierre-François, qui suit ;

2° Marie-Angélique-Joséphe de Galliot, née à Namur
le 3 août 1721, et baptisée le même jour en l'église
de St-Jean l'Évangéliste, mariée, le 2 juin 1745,
à Guillaume-Théodore *de Kessel*, écuyer, seigneur de Limoy, gentilhomme de l'état noble à
Namur, fils de Charles-Théodore-Antoine *de
Kessel*, seigneur de Cortil-Wodon, et de Marie-
Anne-Éléonore *de Marbais* (d'argent à la fasce
de gueules, accompagnée en chef de trois merlettes du même), d'où descendent les de Kessel
d'aujourd'hui.

IV. Pierre-François de Galliot, capitaine d'une
compagnie d'infanterie dans le régiment du comte
d'Arberg, au service de l'impératrice Marie-Thérèse,
29 décembre 1741 :

« Léopold-Philippe-Charles-Joseph, par la grâce de Dieu,
duc d'Aremberg, d'Arschot et de Croy, etc., etc.; feld-maréchal
colonel d'un régiment d'infanterie et commandant en chef des
troupes et armées des Pays-Bas-Autrichiens pour le service de
S. M. la reine de Hongrie et de Bohême. Comme le sieur Galliot s'est chargé de lever une compagnie d'infanterie pour le
service de Sa Majesté la Reine de Hongrie et de Bohême, nous
mandons et ordonnons à tous les généraux officiers et gens de
guerre qui sont sous nos ordres, et prions et réquérons tout ceux
à réquérir de ne point troubler le sieur Galliot dans la dite levée,
mais au contraire de lui donner toute aide dans sa levée comme
aussi à tout ceux qui seront munis de copies de cette, dûment
signées et cachetées par le dit Galliot, à quel effet nous avons fait
dépêcher la présente commission, signée de notre main, scellée
du scel de nos armes et contresignée du secrétaire aulique de
guerre de Sa Majesté en ces Pays-Bas. Fait à Bruxelles, le 29 décembre 1741. »

Puis conseiller-receveur-général des aides et subsides du duché de Luxembourg et Comté de Chiny :

« Marie-Thérèse, par la grâce de Dieu, Impératrice des Romains, etc., à tous ceux qui ces présentes verront, salut. Comme nous avons trouvé convenir pour le plus grand avantage de notre royal service, de faire le remboursement des engagères des deux recettes générales et des huit particulières des aides et des subsides de notre province de Luxembourg et Comté de Chiny, en n'établissant à l'avenir qu'une seule personne pour conservateur-receveur-général des aides et subsides de notre dite province, et que Pierre-François de Galliot, conservateur-receveur-général actuel, nous a présenté sa soumission pour desservir et exercer seul la dite recette générale, moyennant que nous fussions servie d'accepter l'offre qu'il fait à cet effet pour sa soumission de fournir en don et en fond perdu, pour notre royal service, la somme de trente mille florins, argent courant de Brabant, outre l'engagère de vingt cinq mille florins déjà donnée par feu le conservateur-receveur-général desdits aides et subsides, Christophe-Ernest de Neunheuser, etc., etc. »

Il mourut en 1772, sa veuve Catherine *de Neunheuser*, fille de Christophe-Ernest, receveur général des contributions du duché de Luxembourg, et de N... *de Herny*, dame de Schœnfeltz ou Belle-Roche, sur la Mamer, paroisse de Mersch, lui donna trois enfants, savoir :

1° Romain de Galliot, marquis de Genouillac, capitaine-prévôt d'Arlon et de Luxembourg, du 22 mai 1772 au 7 avril 1777, chambellan de S. M. I. et R., épousa Louise *de Cassal*, fille de Pierre-Antoine-Joseph, baron *de Cassal de Bomal*, et de Marie-Anne *de Biber* ;

2° Marie-Josèphe-Alexandrine de Galliot, née à Luxembourg, le 17 juillet 1755, mariée à Mersch, en 1773, à André-Ghislain-Joseph *Ysebrant* (d'or

au castor rampant au naturel), seigneur de Lendonck, Malaise et Douvrin, né à Tournai, le
25 novembre 1753, mort à Bethune, le 23 juillet
1820, fils de Charles-Nicolas-Joseph *Ysebrant*,
seigneur de Lendonck et de Difque, et d'Anne-
Marie-Antoinette-Josèphe *de St.-Genois*, comtesse de Grand Breucq;

3° Rosalie de Galliot, morte sans enfants à Flamisoule,
le 14 juillet 1852, à l'âge de 94 ans, avait épousé,
Henri-Godefroid-Joseph *de Machuray*, seigneur
de Flamisoule, né le 14 mai 1763, mort le 7 avril
1837, et inhumé près de la porte d'entrée de la
chapelle de Flamisoule, sous une pierre armoriée,
portant l'inscription suivante :

Ci Git — Mr Hri Jh de Machuray seigneur —
de Flamisoul, décédé le 7 avril 1837 —
âgé de 76 ans — Vertueux sans faste —
il fut toujours — l'appui du malheureux —
R. I. P. —

Il était fils de Jean-Baptiste-Marie *de Machuray*,
né à Namur, et d'Anne-Marie *de Machuray*, dame de
Flamisoule, sa parente, mariés à Flamisoule le 8 septembre 1759.

GEISEN (DE)

ARMES : Écartelé : au 1 et 4 d'argent à la bande de gueules, qui
est *Geisen*; au 2 et 3, d'argent à la fasce de gueules, chargée de

trois croisettes d'or, et accompagnée de trois fleurs de lys de gueules, 2 en chef 1 en pointe. *Cimier*: Un vol plein d'argent et de sable, à la croix d'or.

Cette ancienne famille, éteinte aujourd'hui, a été pendant plusieurs siècles inféodée à Bittbourg, où elle possédait une tour. Elle fut honorée de la chevalerie par patentes du 29 mai 1712, de Maximilien-Emmanuel, duc de Bavière et de Luxembourg, en faveur de Philippe-Jacques de Geisen, seigneur de Diekirsch, Bettingen, et Reymlanger, ancien conseiller de la Sérénissime maison Électorale et du conseil provincial de Luxembourg, et de son fils Louis-René de Geisen, conseiller du même conseil et ensuite pour l'aîné de sa famille.

II. René-Louis, chevalier de Geisen, après la mort de ses deux frères aînés, épousa Jeanne *de Blochausen*, dont:

III. Jean-Henri-François-Jacques-Charles, chevalier de Geisen, seigneur de Marc-Vogtey, Diekirsch, Bettingen, Sprinckange et Limpach, né à Luxembourg le 30 mars 1737, major au *régiment* des dragons du prince Eugène de Savoie, épousa en 1778, Victoire-Dieudonnée, vicomtesse *de la Fontayne d'Harnoncourt*, d'une ancienne famille de Lorraine, née à Sorbey, près de Longwy, et décédée sans enfants le 15 janvier 1848.

Jean-Henri-François-Jacques-Charles, chevalier de Geisen, mourut sans hoirs le 4 mai 1794, il repose dans l'église de Limpach, sous une tombe en marbre noir ornée de ses armes et portant l'inscription suivante:

Ci git JEAN CHARLES, CHEV. DE GEISEN, *seigneur de Bettingen, Limpach, Diekirsch, &ª., &ª., décédé à Luxembourg, le 4 mai 1794. Pendant le cours de sa carrière ayant rempli constamment les devoirs d'un bon chrétien, d'un homme d'honneur, chari-*

table pour les pauvres, il est regretté d'eux et de ses nombreux amis.

Priez Dieu avec sa veuve pour le repos de son âme.

HATTSTEIN (DE)

ARMES : Bandé d'argent et de gueules de six pièces. *Cimier* : Un vol d'argent et de gueules.

La maison de Hattstein, branche cadette de celle de *Reiffenberg* vint s'établir au xive siècle dans le duché de Luxembourg, où elle posséda les seigneuries de Linay et de Borne et y resta jusque dans le courant du siècle dernier, époque ou elle s'éteignit.

I. Guillaume de Hattstein épousa Anne *de Heisters*, dont :

II. Jean de Hattstein, seigneur de Borne par achat (1587), président du conseil provincial de Luxembourg, mort en 1600, avait épousé Félicité *de Harang* ou *Hornung*, dont il eut entr'autres enfants :

1° Philippe, qui suit;

2° Guillaume de Hattstein, mort en 1632.

III. Philippe de Hattstein, seigneur de Borne, conseiller de S. M. C. au conseil provincial de Luxembourg, 24 septembre 1609, mort en 1636, avait épousé Françoise *de Grezilles*, dont :

1° Florent, qui suit ;

2° Philippe-Ernest;

3° Anne-Marguerite, mariée à Isaye *de Pouilly*, dont descend le comte *de Mensdorff*, oncle de S. M. Léopold II de Belgique.

4° Marguerite, épouse de François *de Mouzey*.

5° Jeanne de Hattstein, épouse de Claude *de Monflin*, fils de Claude, et de Françoise *de Bertignon*.

IV. Florent de Hattstein, seigneur de Borne, marié à Marguerite *de Manderscheidt*, ne laissa qu'une fille unique, épouse de Jacques-Philippe *de Faust d'Asschaffembourg*.

HETTANGE ET HODISTER (DE)

ARMES : De gueules au sorceau d'argent, accompagné de trois feuilles de quatre feuillets de même, boutonnés d'or, deux en chef et un en pointe.

L'ancienne famille de Hettange, établie d'abord dans la prévôté de Thionville, vint habiter vers le commencement du XIVe siècle la seigneurie de Hodister située dans le comté de La Roche. En 1286, Thierry de Hettange, chevalier, vendit au monastère de Marienthal, la part qu'il avait à la dîme de Sterpenich.

Jehan de Hodister, écuyer, seigneur de Genimont et Bièvre, épousa Marie *de Hemricourt* dite *de Hawea de Bovegnister*, dont il eut :

1° Marie de Hodister mariée le 7 juin 1569 à Wauthier *de Maillen*, seigneur de Ville, fils de Jean, et d'Anne *de Verleumont*; elle mourut le 6 octobre 1603.

2° Gillette de Hodister, épouse d'Évrart *de Ghenart*, seigneur de Sohier, fils de Jean, et de Marie *d'Awent*.

HUMAIN (DE)

ARMES : De gueules à trois cœurs d'argent, couronnés d'or posés 2 et 1.

La maison de Humain ou *Humyn*, possédait le fief de ce nom, relevant du comté de Laroche, et au quel étaient attachés la pairie et plusieurs beaux priviléges.

I. Henri de Humain, écuyer seigneur de Wardin, Tarchamps, Benonchamps, Harzée, Bras et Schutbourg, lieutenant-prévôt de Bastogne en 1575, avait épousé Catherine *de Cobréville*, fille de Jean-Aubert, et d'Anne *Colignon Claus*. Henri de Humain eut deux fils :

1° Henri, conseiller ecclésiastique au grand conseil de Malines, par patentes du 9 mai 1635, mort à Malines en 1638, fut inhumé dans le chœur de l'église Métropolitaine de cette ville, sous une belle pierre tombale portant l'inscription suivante :

D.o.m.

Monumentum.

Adm. Rdi. nobiliss. et. Ampliss. Dni Henrici de Humyn
filii Henricii scutiferi, è Lucemburgensi patria
oriundi, hujus ecclesiae Metropolitan : Canon : magni
Consilii Belgici senatoris, qui exhibitis variis pietatis,
prudentae, doctrinae, munificentiae notis in
notabilem Bonorum suorumque partem ecclesiam
hanc legatariam scripsit ; varia festa
dotavit ac demum è vivis obiit anno
Saluti 1638 ateat : 58 prid : id : aprilis.

2° Claude, qui suit.

II. Claude de Humyn, chevalier, seigneur de Schutbourg, Wardin, Tsercamps, etc., né à Bastogne en 1581, conseiller et procureur-général au grand conseil de Malines, par patentes du 19 décembre 1614, puis conseiller du Conseil privé à Bruxelles, où il mourut le 29 juillet 1639, se maria avec Anne-Caroline *d'Iserin* (ou Iseryn), fille de Guistyn, plusieurs fois bourg-mestre de la ville et chatellenie de Bergh St-Winnoq, morte le 2 décembre 1659 ; l'on voyait jadis dans l'église des pères Récollets à Bruxelles, au grand chœur contre la muraille, leur pierre sépulcrale portant l'inscription suivante :

D.o.m.

Claudius de Humyn, filius Henrici Scutiferi, eques
Auratus, Toparcha de Schutbourgh. Wardain, Tsercamps,
&ᵃ., &ᵃ., qui dum viveret regi a consilio privato fuit, et
praesens, finantiarum palatinatus inferioris summus
item justitiae militaris et civilis judex, nec non
legatus pluries ad principes electores missus ;
obiit anno MDCXXXIX mensis julii die
XXIX aetatis suae anno LVIII mens II du XXVIII
nobilis anna Carolina d'Iserin marito

optime merito subique posuit
obiit illa II decembris MDCLIX
Lector eis bene appprecare.

Leur fils Henri-Othon, suit.

III. Henri-Othon de Humyn, écuyer, seigneur de Schutbourg et Wardein, prévôt d'Arlon du premier octobre 1652 au dernier de septembre 1675, lieutenant colonel de cavalerie au service de S. M. Charles II, épousa Hippolyte-Caroline *de Malineɀ*, fille d'Aurèle-Auguste *van Male*, dit *Malineus*, chevalier, conseiller à la cour suprême à Madrid, et d'Anne *Prats*, sœur de Martin, évêque d'Ypres, mort le 7 octobre 1671, enfants de Philippe *Prats*, chevalier, seigneur de St-Albert et secrétaire de l'Empereur Charles V.

Leur fils Claude-François, suit.

IV. Claude-François de Humyn, vicomte de St.-Albert, seigneur de Wardein et Schutbourg, prévôt d'Arlon du premier octobre 1655 à juin 1681, puis conseiller et trésorier de l'ordre de la Toison d'or, obtint par patentes de l'Empereur Charles VI, du 25 octobre 1612, l'érection de la terre et seigneurie de St-Albert en Flandres, en vicomté, avec transmission du titre à ses descendants mâles et femelles, et faute d'hoirs mâles aux maris des femelles, en tant qu'ils soient gentilshommes. Il mourut le 3 octobre 1735, et fut inhumé dans le chœur de l'église des RR. PP. à Bruxelles. Il avait épousé Jeanne *Woïslawski*, dont :

Claudine-Charlotte de Humyn, vicomtesse de St.-Albert, mariée à Augustin-François *de Corte*, seigneur d'Oiguerlande, mort à Bruxelles en 1738 ; par ce mariage, le titre de vicomte de St-Albert passa dans la famille de Corte. Leur fille, Marie-Lievine-Monique *de Corte*, vicomtesse de St.-Albert et dame d'Oiguerlande, épousa, le 12 septembre *1741*, Philippe-Eugène-Joseph *d'Olmen*, baron de Poederlé, seigneur d'Ottignies, de Saintes, etc., etc.

KESSEL (DE)

ARMES : D'argent à cinq losanges de gueules posées en croix. *Cimier :* Un corbeau de sable, becqué et patté d'or. *Couronne* à neuf perles. *Supports :* Deux lévriers blancs au naturel, colletés de gueules, bordés et annelés d'or.
Devise : SANS DOUTE KESSEL.

Kessel est une ancienne et noble maison dont l'origine est inconnue selon nous, et en ceci elle ne fait que partager le sort de toutes les familles qui datent des premiers temps de la féodalité ou qui florissaient aux époques les plus obscures du moyen-âge. — Néanmoins quelques généalogistes et même des historiens ont essayé de soulever le voile qui cache les premiers temps de cette maison; selon eux les premiers seigneurs ou comtes du domaine de Kessel, seraient issus de la même souche que les comtes ou ducs de Juliers et portaient comme ces derniers un lion couronné dans leurs armoiries.

Le château de Kessel, situé sur la rive gauche de la Meuse, à deux lieues au-dessous de Ruremonde, est d'une haute antiquité; bâti sur une colline d'une forme régulière et évidemment l'ouvrage non pas de la nature mais de l'homme, il fut le point d'appui d'une peuplade renommée du temps des romains : C'était le *Castellum menapiorum.*

Ptolémée lui donne dés le second siècle le titre de capitale des Ménapiens : *Castellum deinde post mosam fluvium menapii est horum urbs castellum.* — Ptolom., lib. 2, cap. 9.

C'est probablement le fort où Ammien Marcellin dit que l'empereur Julien, en 357, assiéges les francs-saliens qui avaient secoué le joug romain et s'étaient emparés de Kessel ; ce siége dura cinquante-quatre jours lorsqu'enfin la garnison, épuisée par la famine et les fatigues, fut obligée de se rendre. — Amm. Marcell., lib. 17.

Plusieurs médailles romaines ont été trouvées à Kessel, mais n'ont pas été conservées, d'après Knippenberg, *Historia ecclesiastica ducatus Gelrae*, p. 20, il n'en restait au commencement du dix-huitième siècle que cinq, que l'on conservait au château de Kessel ; elles portaient l'effigie des empereurs Constantin, Valentinien, Théodose, Arcadius, et Honorius.

Dans le partage que firent, en 870, les fils' de l'empereur Lothaire, Charles-le-Chauve, roi de France, et Louis, roi de Germanie, nous voyons parmi les villes et monastères échus à ce dernier, Cologne, Trèves, Aix-la-Chapelle, Utrecht, Susteren, St-Odilienberg et *Kessel.* — Miraeus. *Opera diplomatica*, tom. I, p. 29.

Le célèbre Butkens dans son remarquable ouvrage, *Trophées sacrés et prophanes du duché de Brabant*, tome II, page 326, donne la notice suivante sur Kessel : « Kessel est un bon pays, situé par deça la Meuse, s'étendant tout le long de cette rivière, depuis le château de Kessel, jusqu'à Geysteren, ayant vers le ponant les marécages de Peel, vers le midi le comté de Hornes, vers le septentrion le pays de Cuyck et vers l'orient le pays de Gueldres, Juliers et Outre-Meuse. — L'on trouve ès années 1203 et 1208, Henri, comte de Kessel, mentionné en diverses chartes ; Willaume, comte de Kessel, en l'an 1255, de qui, vraisemblablement, la fille ou sœur fut mère de Henri de Wassemberge et comte de Kessele, en l'an 1279, peut avoir été son fils, comme aussi Waleran, comte de Kessel et sire de Grevenbroeck, qui mourut en l'an 1305 ; et de celui-ci le fils Henri vendit cette comté à Renaud, comte de Gueldres, second de nom ; de qui la postérité a possédé cette comté, et en ont fait hommages dus aux ducs de Brabant.

Ce pays comprend quelques dix et huit villages des quelques-uns relèvent immédiatement du Brabant. » — Selon le même auteur, *Trophées*, etc., tome I, page 10, le pays de Kessel sous la duché de Brabant comprenait : Kessel, Baerlo, Brey, Meyel, Horst, Sevenum, Oisterum, Veenraid, Casterray, Vorst, Blerick, Helden, Swollegem, Blitterswyck, Geesteren, Mierle, Brouchuysen, Lottem, Wansem, Œrle et Luenen.

Durant le règne des rois d'Austrasie et de Lotharingie, les dynastes de Kessel ont joui d'une grande considération et même d'une certaine puissance. Pendant le moyen-âge, la maison comtale et dynastique de Kessel conserva un reste de son antique importance, elle relevait de l'archevêque de Cologne, alors un des plus puissants princes de l'Allemagne.

Outre le comté comprenant dix-huit villages environnant Kessel, elle possédait de plus le métier de Grevenbroeck, et une partie de celui de Gladbach ; les avoueries de Neuss, de Gladbach, de Laach et autres juridictions importantes entre la Meuse et le Rhin. — Après l'acquisition du comté par Renaud II, duc de Gueldres, les anciens comtes de Kessel, ne gardèrent que la terre et seigneurie de Kessel, qui plus tard, passa par mariage dans la famille des barons de Meerwyck, et à l'extinction de cette dernière famille, entra par voie de succession, dans celle des barons de Keverberg.

Kessel, seigneurerie au quartier de Louvain, proche de cette dernière ville, *Kessele juxta Vliederbeke, prope Lovanium* (Kessel près de Vliederbeke, à proximité de Louvain), dit un document de l'an 1376-1377, est très-ancienne. — Selon le célèbre Juste-Lipse, Kessel tire son nom du latin *Castellum*, château. *Kesselium montem vocant: au non a castello, quod olim illic fuit.* — Justi Lipsi. *Lovanium*, p. 2.

La forteresse de Kessel a été bâtie selon toute probabilité, vers 1013, par le comte de Louvain, Lambert I. Voici ce que dit l'historien G^me Boonen, dans ses *Antiquates Lovanienses*, 1594, 2 vol. in-fol. mss. : « Dans le territoire de Louvain, sur la colline de Kessel, se trouve un monument considérable appelé *Kesselstein (forteresse de Kessel)*, qui est entièrement bâti en pierres ferrugineuses. Il est si vieux que les fragments de pierres tombés de ses murs en ruine, sont tellement rognés par le temps que leurs parties fortes ressemblent à des plaques de fer superposées. Cette antique construction formait primitivement une forteresse redoutable, correspondant avec le château du Mont-César. — Quelques-uns affirment qu'il existe un conduit souterrain au moyen duquel on peut se rendre d'un monument à l'autre. Mais je ne puis affirmer leur allégation, n'ayant point constaté le fait. On lit que cette forteresse a appartenu aux chevaliers de Saint-Jean de Jérusalem qui la cédèrent au duc de Brabant en échange de l'église de St-Jean au Mont-César, qu'ils possèdent encore actuellement (1594). L'entrée de cet édifice est tellement étroite qu'on est dans l'impossibilité d'y pénétrer sans qu'on se place obliquement. — Cette forteresse donna son nom à la colline sans que je sache pour quel motif. »

Les ruines de la forteresse de Kessel existaient encore au commencement du xvIIe siècle. Juste Lipse les visita à l'époque ou il s'occupait de la rédaction de son *Lovanium* (1604). Il y trouva des débris de murs, entourés de larges fossés couverts de broussailles, des galeries souterraines et un caveau voûté et large o .nviron quarante pieds ; ces restes témoignaient de l'importance de cette antique forteresse, dont la tradition faisait remonter l'origine au temps de Jules César ou des Normands. — Justi Lipsi, *Lovanium,* p. 1, et cap. 13, p. 79.

Nous lisons ce qui suit dans un volume intitulé : *Généalogies,* nᵒ 5, t. VI, pp. 132 et suivantes, reposant aux archives du département des Affaires Étrangères à Bruxelles :

« La terre et seigneurie de Kessel, au quartier de Louvain, est fort considérable tant par son ancienneté de juridiction que par les grandes relevées et nobles familles qu'elle a produit, qui l'ont possédé tantôt avec le titre de comte et tantôt avec celui de sire ou seigneur. Jean, comte *de Kessel,* qui vivait l'an de notre salut 1180, du temps de Henri de Louvain, premier du nom, duc de Brabant, lequel il accompagna, l'an 1183, oultre-mer, où il fut tué avec plusieurs autres barons, seigneurs de marques chrétiens, combattans le roy Saladin; Willaume Sire de Kessel, qui vivait l'an 1206, se trouva avec le dit duc en l'église de Sainte Gertrude à Louvain, lorsque ce prince y colloca et fonda les

chanoines réguliers de l'ordre de Saint Augustin. — Jean, surnommé *Heesbien*, sire de Kessel et de Riestel. — Jean, dit *de
Dongeroel*, sire de Kessel, qui releva la terre et seigneurie de
Kessel, de Jean III° du nom, duc de Brabant, et finalement
Godefroiy, aussi sire de Kessel, qui fut marié avec la fille de Raso
de Grave, sire de Grez, des quels sont issus par succession de
temps et représentation de personnes les seigneuries modernes
du dit Kessel, de Wemmel, Dobberge et la famille de *van Lamme*,
lesquels ont porté de toute ancienneté pour armoiries un écu
d'argent à cinq losanges ou quarreaux de gueules, posées en
croix, et de cette très-ancienne et très-noble famille était encore
issue Jeanne *de Kessel*, dame de Kessel en partie, qui fut con-
jointe par le mariage environ l'an 1300, avec messire Jean *de
Malcote*, chevalier, etc., etc. »

Dans le livre des *Feudataires de Jean III, duc de Brabant*,
publié par M. Galesloot, nous lisons ce qui suit : page 146,
(folio 59 R° de l'ancien manuscrit) Johannes de Kessel III bonaria terre et III homagia juxta Casselberch prope Vliederbeke.
Page 161 (fol. 64 R° de l'ancien mss.) : Johannes de Kessel, qui
se dicit esse maritus, filie Ottonis de Maelbergh, bona de Die-
ghem secundum quod ipsa Marina a duce ea recepit. (1312-1355).

L'antique manoir de Kessel aussi appelé *het huys te Kessel*, ou
het hof, situé au Maesland à quatre lieues N.-N.-O. de Bois-le-
Duc ; deux lieues N.-E. d'Oss et une lieue O.-N.-O. d'Alem, que
Grammaye croit-être le *Castellum Taxandriae in regione
Mosae. — het Casteel van Taxandrie by de Maas.* — comme
il est désigné dans d'anciens documents, a été le siége d'une ancienne seigneurie, avec haute, moyenne et basse justice ; elle
était bornée au N.-N. O. par la Meuse, à l'Ouest par la seigneurie
de Lith, au Sud par celle de Nuland et à l'Est par la terre de
Marren.

Le 8 juillet 1288, l'évêque de Liége, Jean de Flandre, fit
abandon au duc Jean de Brabant des villages de Herrewarden,
Kessel, Marren et Deurne et de toutes leurs dépendances.

Le géographe Bachiene, dans son *Vad. Géograph.* tom. VI,
p. 677, dit ce qui suit sur cette ancienne seignenrie :

« Kessel is een dorp een uur gaans noord-oost waard van

Alem en aan dezelve rivier, tusschen maazen en Lith, gelegen. Dewyl men van de eerste uitgave dezer heerlykheid niet anders aangeteekend vind, acht men des te meer dezelve een eigen vry goed der adelyken geslachts van Kessel geweest te zyn; door eenen der heeren van dit geslacht aan den hertog van Brabant op gedragen, en weer ter leen van denzelven ontfangen. »

Dès le douzième siècle les seigneurs de Kessel, jouissaient d'une grande considération à la cour de Brabant, l'on trouve le nom du comte Jean de Kessel, au nombre des barons et seigneurs de marque qui accompagnèrent en 1183, le duc Henri Ier de Brabant, dans une expédition d'outre-mer, que ce dernier fit contre le roi Saladin. — Le comte Jean de Kessel fut tué dans cette expédition.

Guillaume, sire de Kessel, vivant en 1206, se trouva avec Henri Ier, duc de Brabant, en l'église de Sainte-Gertrude à Louvain, lorsque ce dernier y colloca et fonda les chanoines réguliers de l'ordre de Saint-Augustin.

Sur le champ de bataille, durant tout le moyen-âge, la bannière d'argent aux cinq losanges de gueules mises en croix, annonçait à l'ennemi la présence du brave sire de Kessel et de ses hommes d'armes. Elle flotta en Palestine, à Woeringen, à Baswilre, et dans ces batailles mémorables leur conduite a répondu à leur haute renommée de bravoure. Plus tard, depuis la formation des troupes régulières, la maison de Kessel a fourni à ses rois et à son pays, bon nombre d'officiers généraux, dont la biographie offre des pages pleines d'intérêt pour l'histoire du pays et de titres de gloires pour la famille. L'église et les ordres religieux ne lui ont point refusé, à leur tour, leur hommage; l'abbaye noble de Binderen, lui doit une abbesse, Marguerite de Kessel, abbesse de 1580 à 1610, laquelle devint sa bienfaitrice. — Le Roy. *Le grand théâtre sacré de Brabant*, t. II, liv. 10, p. 116.

La maison de Kessel a encore fourni bon nombre de religieux et religieuses aux abbayes nobles de Binderen, de Sainte-Gertrude à Louvain, de Postel, de Bern-lez-Heusden, de Forêt, etc.

Elle a encore fourni de toute ancienneté aux villes d'Anvers et de Bois-le-Duc, des magistrats de grand mérite parmi lesquels nous pouvons citer :

Ludolphe de Kessel, échevin de Bois-le-Duc en 1266.— *Troph*. *de Brabant*, t. II, p. 545.

Jean de Kessel, aussi échevin de la dite ville en 1267, 1274 et 1275. — *Troph. de Brab.* t. II, p. 545.

Georges de Kessel, échevin de Bois-le-Duc en 1314. — *Troph. de Brab.* t. II, p. 547.

Jean de Kessel, échevin de Bois-le-Duc en 1322. — *Troph. de Brab.* t. II, p. 547.

Arnould de Kessel, échevin de Bois-le-Duc en 1351. — *Troph. de Brab.* t. II, p. 548.

Roeloff de Kessel, échevin de Bois-le-Duc en 1339. — *Troph. de Brab.* t. II, p. 548.

Jean de Kessel, échevin de Bois-le-Duc en 1387. — *Troph. de Brab.* t. II, p. 550.

Henri de Kessel, échevin de Bois-le-Duc en 1465 et 1476. — *Troph. de Brab.* t. II, p. 554 et 555,

Jean de Kessel, chef écoutête de la ville de Bois-le-Duc de la Noël 1529 au 11 mars 1532; il est à remarquer ici, que le chef écoutête était un chef officier à qui il appartenait de prendre connaissance de toutes les affaires criminelles qui étaient perpétrées dans la ville et mairie de Bois-le-Duc, et de les corriger selon la sentence des échevins de la ville. Il y avait autrefois un sous-écoutête chargé de prendre connaissance de toutes les affaires civiles qui arrivaient dans la dite ville et ses franchises. — Cette charge de chef écoutête a été toujours desservie par des personnes de première noblesse et qualité. — Butkens, *Troph. de Brab.* t. II, p. 541. — Gachard. *Invent.* t. II, p. 314 et Le Roy, *Le grand théâtre profane du duché de Brabant*, liv. 4, p. 50.

De St-Genois, dans les *Mon. anc.*, t. II, p. 157, cite Thilman de Kessel, 1546, — et Jean de Kessel, 1636, tous deux aumôniers généraux de la ville d'Anvers.

Avant de donner la filiation de la famille, nous pensons devoir grouper quelques analyses et citations que nous ne sommes pas à même de pouvoir utiliser avec certitude.

L'an 1114, Henri, comte de Kessel, se ligua avec l'archevêque de Cologne, le duc de Limbourg, Henri comte de Zutphen, le comte d'Arce et autres seigneurs, contre l'empereur Henri V ; le comte Henri de Kessel, fut écrasé par les chevaux de sa propre troupe, dans la bataille d'Andernach. Il a été inhumé dans l'église de St Pierre, à Cologne. — *Chron. St Pantaleonis, ap Wurtwein, nov. subs. dipl.*, tom. XIII, p. 17.

Par lettres de 1082-1121, Irmengarde de Zutphen, fit donation d'un vignoble, à l'abbaye de St Pantaléon à Cologne, en présence de Henri, comte de Kessel, avoué de ce monastère. — Wolters. *Recherches sur l'ancien comté de Kessel*, p. 67, annexe n° 1.

Le 11 avril 1118, Gérard de Kessel, fut présent aux lettres de Frédéric, archevêque de Cologne, concernant une donation faite à l'abbaye de Sigeburg. — Van Spaan. *Inleiding tot de Historie van Gelderland*, 2 deel., *cod. dipl.*, p. 37.

Le 10 février 1129, Henri, comte de Kessel, scella avec les grands vasseaux de l'empire, une charte de Lothaire, roi des romains, rapportée par Lacomblet.— *Urkundenbuch für die geschichte des Niederrheins*, vol. I, n° 304.

Le 11 décembre 1135, Henri, comte de Kessel, certifia les lettres de Brunon II, archevêque de Cologne, confirmant l'investiture de l'abbé Walter, au couvent de Gladbach. — Lacomblet. *Urkund.*, vol. I, n° 320.

Henri, comte de Kessel, souscrivit l'an 1136, un acte rapporté par Lacomblet. — *Urkund.*, vol. I, n° 324.

Henri, comte de Kessel, intervint l'an 1139, aux lettres d'Arnold Ier, archevêque de Cologne, rapportées par Lacomblet. — *Urkund.*, vol. I, n° 338.

Walter, comte de Kessel, fils de Henri, souscrivit

un acte, rapporté par Lacomblet. — *Urkund.*, vol. I, nº 337.

Le 5 mars 1143, Walter, comte de Kessel, scella les lettres d'Arnold, archevêque de Cologne, rapportées par Lacomblet. — *Urkund.*, vol. I, nº 349.

Walter, comte de Kessel, fut témoin, l'an 1144, aux lettres de l'archevêque de Cologne, confirmant les privilèges du monastère de Laach. — Kindlingen. *Munst. Beit.*, tom. III, nº 12.

Walter, comte de Kessel, fut témoin, l'an 1144, dans un acte rapporté par Lacomblet. — *Urkund.*, vol. I, nº 352.

Henri, comte de Kessel, seigneur de Grevenbroeck, avoué de l'abbaye de St Pantaléon, souscrivit en 1166, un acte rapporté par Lacomblet. — *Urkund.*, vol. I, nº 425.

Henri, comte de Kessel et de Grevenbroeck, fut témoin avec le duc de Limbourg, et autres seigneurs, aux lettres de l'an 1170, par lesquelles la collégiale de St Vit, à Gladbach, acheta, d'Allard *de Tuschenbroek*, et de son oncle Gheldolff *de Bréderode*, un alleu nommé *Rakesleide*. — Kremer. *Akademische beiträge*, vol. II, p. 234.

Le 9 mai 1174, Henri, comte de Kessel, intervint avec plusieurs grands vassaux de l'empire à la charte de l'empereur Frédéric Iᵉʳ, confirmant les privilèges de l'abbaye de Sigeburg. — Kremer. *Akademische beiträge*, vol. III, p. 48.

Par acte de l'an 1188, Henri comte de Kessel, vendit un vignoble à Philippe, archevêque de Cologne. — Gelen. *Farr.*, tom. XX.

Henri, comte de Kessel et de Grevenbroek, épousa Odelinde, comtesse de Juliers, il fut témoin l'an 1190, à la charte d'Othon, comte de Gueldres, octroyant différentes franchises à ceux de Zutphen.—Slichtenhorst. *Geldersche geschiedenis*, p. 565.

L'an 1197, Henri, comte de Kessel, intervint dans le traité de paix conclu entre Henri, duc de Brabant et le comte de Gueldres. — Butkens. *Trophées du Brabant, preuves*, p. 49.

Le 22 janvier 1197, Henri, comte de Kessel, souscrivit un acte rapporté par Lacomblet. — *Urkund.*, vol. I, p. 554.

Henri, comte de Kessel, fut présent aux lettres d'Adolphe Ier, archevêque de Cologne, concédant le fief de Landsberg. — Gelen. *Far.*, tom. XXV.

Le 4 ou 12 juillet 1198, Henri, comte Kessel, scella la charte d'Othon IV, roi des Romains, confirmant à l'archevêque de Cologne, la possession de Saleveld et autres domaines. — Bondam. *Charterboek des hertogdoms Gelre*, p. 267.

Le 13 juillet 1198, Henri, comte de Kessel, fut témoin à la charte d'Othon IV, roi des Romains rapportée par Lacomblet. — *Urkund.*, vol. I, n° 563.

Henri, comte de Kessel, intervint l'an 1198, à la transaction faite entre l'archevêque de Cologne et l'abbé de Corvey. — Gelen. *Farr.*, tom. III.

Le 3 février 1200, Henri, comte de Kessel, avec plusieurs grands vassaux, fut témoin à la charte d'Othon IV, roi des Romains, rapportée par Lacomblet. — *Urkundenbuch*, vol. I, n° 566.

Henri, comte de Kessel, l'an 1200, souscrivit un acte

de l'archevêque de Cologne, donnant un fief au sire *d'Altena.* — Kinl. *Munst. beyt.*, tom. II.

Henri, comte de Kessel, souscrivit l'an 1201, un acte rapporté par Lacomblet. — *Urkund.*, vol. II, n° 4.

L'an 1203, Henri, comte de Kessel, fut témoin au traité entre Henri Ier, duc de Brabant, et Othon II, comte de Gueldre, assurant différentes franchises aux habitants de Bois-le-Duc, de Thiel, de Meghem et de Bommel. — Miraeus. *Opera. diplom.*, vol. I, p. 401.

Henri, comte de Kessel, souscrivit l'an 1203, l'acte de renouvellement de l'alliance entre Adolphe d'Altena, archevêque de Cologne, et le duc de Brabant. — Miraeus. *Opera. diplom.*, vol. I, p. 567 et Butkens, *Trophées,* tom. I., p. 166.

Le 30 avril 1207, Henri, comte de Kessel, avec plusieurs évêques, le duc de Brabant, le duc de Limbourg, le comte de Juliers, et autres grands vassaux de l'empire, fut témoin à la charte de Philippe II, roi des Romains, rapportée par Lacomblet. — *Urkund.*, vol. II, n° 17.

L'an 1208, Henri, comte de Kessel, fut présent à l'acte de renouvellement de l'alliance entre l'archevêque de Cologne et le duc de Brabant. — Miraeus. *Opera. diplom.*, vol. I, p. 407.

Henri, comte de Kessel, souscrivit en 1208, un acte rapporté par Lacomblet. — *Urkund.*, vol. II, n° 24.

Le 16 mars 1212, Henri, comte de Kessel, fut témoin avec les grands vassaux de l'empire à la charte de l'empereur Othon IV, rapportée par Lacomblet. — *Urkund.*, vol. II, n° 39.

Le 30 novembre 1212, Henri, comte de Kessel, souscrivit la charte de l'empereur Othon IV, rapportée par Lacomblet. — *Urkund.*, vol. II, n° 40.

Le 7 mars 1216, Henri, comte de Kessel, souscrivit un acte rapporté par Lacomblet. — *Urkund.*, vol. II, n° 57.

L'an 1218, Henri, comte de Kessel, souscrivit l'acte de donation faite par Engelbert, archevêque de Cologne, à l'église dite *Rommers-Kirchen.* — *Vita St-Engelberti*, p. 70.

L'an 1218, Henri, comte de Kessel, scella un acte rapporté par Lacomblet. — *Urkund.*, vol. II, n° 75.

L'an 1222, Henri, comte de Kessel, assista avec tous les grands seigneurs de l'empire, à Aix-la-Chapelle, au couronnement du roi Henri, fils de l'empereur Frédéric Ier. — Butkens. *Trophées du Brabant, preuves*, p. 68.

L'an 1222, Engelbert, archevêque de Cologne, donna pour dot le château de Welschenbeek près de Belike, à la comtesse de Kessel, sa parente, épouse de Berthold, sire Buren, en Westphalie. — *Vita St-Engelberti*, p. 128.

Guillaume, comte de Kessel, l'an 1235, assigna à l'église d'Altencamp, des rentes payables à Kessel pour célébrer l'anniversaire de son aïeule, épouse de Henri, comte de Kessel. — Wolters. *Recherches sur l'ancien comté de Kessel.* p. 68, ann. n° 2.

Guillaume de Kessel, avoué de Gladbach, fit l'an 1243, le partage du bois communal de Gladbach. — Wolters. *Recherches sur l'anc. com. de Kessel*, p. 69, ann. n° 3.

Le 31 août 1244, Guillaume, comte de Kessel, fut témoin à la charte d'Othon comte de Gueldre, réglant les droits de l'avouerie de Ruremonde sur le courtil de Swartbroek. — Bondam. *Charterboek des Hertog-doms Gelre*, p. 452.

L'an 1250, Guillaume, comte de Kessel, souscrivit un acte rapporté par Lacomblet. — *Urkund.*, vol. II, n° 361.

En juin 1251, Guillaume, comte de Kessel, fut témoin aux lettres d'érection du couvent de s'Gravendael. — Bondam. *Charterbœk*, p. 485.

Le 15 octobre 1254, Guillaume, comte de Kessel, fut garant dans l'acte rapporté par Lacomblet. — *Urkund.*, vol. II, n° 404.

En juin 1255, Guillaume, comte de Kessel, fut témoin à la fondation du couvent de s'Gravendael, au château de *Rott* ou *Rhode*. — Foppens. *Diplomatum Belgico-rum nova collectio*, tom. III, p. 413.

Guillaume, comte de Kessel, l'an 1260, fut caution avec Thierry de Clèves, pour Othon, comte de Gueldre, relativement à la dot promise à son épouse. — Bondam. *Charterbœk*, p. 542.

Guillaume de Kessel, fils de Guillaume ci-dessus, fut chanoine des Saints-Apôtres à Cologne. — Fahne. *Geschichte der kölnischen, jülischen und bergischen Geschlechte.*

En 1262, Henri, comte de Kessel, fit une donation au chapître de Wassemberg, il scella à cheval, tenant dans sa main gauche un oiseau; sous le cheval se trouve un chien courant. Autour du sceau se lisait : *S. Henrici comitis de Kessele.* — Archives de Was-semberg.

L'an 1270, Henri, comte de Kessel, avec les comtes

de Limbourg, de Juliers, de Berg et Gérard de Luxembourg, sire de Durbuy, fut garant du traité de récon-
siliation arrêté entre Frédéric, sire de Reyfferscheit et
le duc de Brabant.—Wolters. *Recherches,* etc., p. 71,
annexe n° 4.

Le 24 août 1271, Henri, comte de Kessel, donna en
fief, à Engelbert, archevêque de Cologne, l'avouerie de
Neuss, avec une partie de la rivière de Niers : *nos
Henricus comes de Kessele, notum facimus universis
presentes litteras visuris, quod nos ad opus et utilita-
tem reverendi patris ac domini nostri Engelberti,
sancte coloniensis ecclesie archiepiscopi, successorum
suorum et ecclesie coloniensi, concedimus in feodo
advocatiam Nussiensem cum omnibus Jurisbus et per-
tinentiis suis, in ista parte fluvii, qui Nersa dicitur
versus Nussiam pertinentibus ad ipsam advocatiam...*
— Wolters. *Recherches,* p. 72, ann. n° 5.

Le 25 août 1271, Henri, comte de Kessel, constitua
son frère Waleran, prévôt à Munster, Th. *de Wevelinchoven,* Godfroid *Birt,* et Nicolas *de Niderhoven,* son
écuyer, comme garants de la vente faite à l'archevêque
de Cologne, de l'avouerie de Neus et des droits qu'il
avait sur la forêt de *Holtzgraschaff,* près de Hochstaden. — Wolters, *Recherches,* p. 74, n° 6.

Le 2 mai 1273, Henri, comte de Kessel, engagea à
l'archevêque de Cologne pour une somme de 2000
marcs d'argent, son château de Grevenbrœk *(quod nos
castrum nostrum in Bruche)* et ses possessions à Bar-
renstein et Allrath. — Wolters. *Recherches,* p. 75,
n° 7.

Le 8 mars 1274, Henri, comte de Kessel, fixa les

droits que les habitants de Gladbach auront à lui payer à cause de son avouerie sur cette commune. — Wolters. *Recherches*, p. 76, n° 8.

L'an 1274, Henri, comte de Kessel, son épouse et ses enfants, accordèrent aux chevaliers de l'hôpital de St. Jean de Jérusalem, à Malines, la franchise du ton-lieu à Dobach et à Galoppe. — *Archives de la Commanderie de Malines.*

Le 15 octobre 1275, le comte Henri de Kessel, du consentement de son épouse Gertrude (1), concéda à l'Ordre teutonique à Gurath, l'avouerie de Laach. — Wolters. *Recherches*, etc., p. 78, n° 9.

L'an 1276, Henri, comte de Kessel, assista avec d'autres grands seigneurs de l'Empire à la charte de l'empereur Rodolphe Ier. — de St. Genois. *Monuments anciens*, p. 415.

Le 25 juin 1276, Henri, comte de Kessel, se reconnut homme lige de l'archevêque de Cologne, pour son château de Grevenbroek. — Wolters. *Recherches*, p. 79, n° 10.

En août 1276, Henri, comte de Kessel souscrivit un acte rapporté par Lacomblet. —*Urkund.*, vol. II, n° 695.

En 1276, Henri, comte de Kessel, ayant commis quelques griefs contre les droits du duc Henri de Brabant, ce dernier marcha sur Kessel et fit rentrer le comte dans le devoir. — Butkens. *Trophées de Brabant*, vol. I, p. 289.

Le 7 avril 1277, Henri, comte de Kessel, entra avec

---

(1) Dans deux autres chartes, l'épouse de Henri est nommée Lisa.

d'autres seigneurs dans la ligue de l'évêque de Paderborn, contre l'archevêque de Cologne. — Wolters. *Recherches*, p. 79, ann. n° 11.

Le 4 février 1278, Henri, comte de Kessel, du consentement de son frère Waleran, prévôt à Munster, concéda à l'archevêque de Cologne, à titre d'amende et d'indemnité, une rente de 25 marcs sur ses fiefs de Jüchen, Liedberg et Hochstaden. — Wolters. *Recherches*, etc., p. 81, n° 12.

Le 28 juin 1285, Henri, comte de Kessel et son épouse Lise (*nos Henricus, comes de Kessel ac Lisa nostra uxor notum esse volumus*), affranchirent certains terrains appartenant au monastère de Gladbach, des droits d'avoué qu'ils lui devaient. — Wolters. *Recherches*, etc., p. 84, n° 14.

Le 4 juillet 1286, Jean de Kessel et Mathieu de Kessel, avec Henri, comte de Luxembourg et marquis d'Arlon, Waleran, sire de Fauquemont et Montjoie et plusieurs autres grands seigneurs, scellèrent le traité de mariage conclu entre Renaud, comte de Gueldre, et Marguerite, fille de Guy, comte de Flandre. — Jules de St. Genois. *Inventaire*, n° 412.

En mai 1286, Waleran de Kessel, prévôt de Munster, avec plusieurs grands vassaux de la Gueldre, se constitua garant des conditions anténuptiales contractées par Renaud de Gueldre, lors de son mariage avec Marguerite de Flandre. — Van den Berg, *Gedenkstukken*, tom. I, n° 12.

Le 27 avril 1289, Waleran de Kessel, seigneur de Grevenbroek, et prévôt de Munster, frère du comte Henri de Kessel, souscrivit un acte rapporté par

Wolters. — *Recherches sur l'anc. C. de K.*, p. 87, ann. n° 16.

En février 1296, Waleran *dit* de Kessel, prévôt de Munster fut un des nombreux seigneurs qui garantirent la convention arrêtée entre Renaud, comte de Gueldre, Marguerite sa femme, et Guy, comte de Flandre leur père. — de St. Genois. *Mon. anc.* t. I, p. 790.

En 1304, Waleran de Kessel, sire de Grevenbrœk, et son épouse Catherine, exemptèrent l'abbaye de Gladbach de différents payages. — Wolters. *Recherches*, p. 89, n° 17.

Le 3 septembre 1318, Jean de Kessel, chevalier, souscrivit un acte rapporté par Nyhoff. — *Gedenkwaardigheden*, vol. I, n° 178.

1312-1355. Renerius de Kessel, XII bonaria tam prati, terre et seminis apud Kessel. — *Les feudataires de Jean III, duc de Brabant* par Galesloot, p. 228 et fol. 96 v° de l'ancien manuscrit.

1312- 1355. Hubertus de Baersdonck, XXIIII jornalia terre jacentia *in de Roshoeven* juxta *Heʒe* prope *Buscum ducis.* Machtildis de Kessel tenet modo. — *Les feudataires de Jean III, duc de Brabant*, p. 114 et fol. 47 v° du mss.

Le 25 août 1326, Jean de Kessel, chevalier, souscrivit les lettres de Renaud, fils du comte de Gueldre, par lesquelles il déclara avoir vendu à Arnold, voué d'Aix-la-Chapelle, la villa de Teveren et la maison de Schinne. — Nyhoff. *Gedenk.*, vol. I, n° 205.

En 1331, Jean de Kessel, chevalier, souscrivit la charte de Renaud, comte de Gueldre, promettant l'usufruit d'une rente sur Weluwe, à son épouse Éléonore d'Angleterre. — Nyhoff. *Gedenk.*, vol. I, n° 252.

Le 1er mars 1333, Jean de Kessel, et Siger ou *Segher* de Kessel, furent témoins au contrat de mariage entre Gérard, fils aîné du comte de Juliers, et Marguerite, fille aînée du comte de Gueldre. — Nyhoff. *Gedenk.*, vol. I, n° 268.

En 1337, l'archevêque de Cologne, rendit une sentence concernant l'héritage délaissé par Godefroid de Kessel, chevalier, habitant de la ville de Kempen. — Wolters. *Recherches*, p. 97, n° 19.

Le 10 août 1338, Mathieu de Kessel, chevalier, reconnut avoir reçu en fief, du comte de Gueldre, le bourg et le manoir de Kessel :

« Allen den ghenen, die desen brieff sien off horen lesen,
» ick Matthys van Kessell, ridder, die kont ende kennelyk myt
» desen brieve, want den hogen edelen man ende mechtigen
» here Reynalt greve van Gelre ende van Zutphen, mynen lieve
» here, my heeft gemact synen oversten borchman op die borch
» ende thuys tot Kessel (*de graaf van Gelre schynt het land en*
» *kasteel van Kessel in het jaer 1326, aangekocht te hebben. —*
» *Van Spaen. Inleiding. I.* 412, 413. — *II.* 114, 115), wellike borch
» ende huys, myt voerborchte, myt vesten, die daer ain rede
» getimmert syn off daer ain heir naemaels getimmert sullen
» werden, binnen graven, also als sy nu gelegen syn ende van auts
» geweest syn, hy (*ou* heir *selon le vieux registre*) voir hom ende
» synen arffgenamen my ende mynen erffgenamen hefft gegeven
» tot enen erffeliken leen ende tot enen onverstedeliken borch-
» leen ; soe hebbe ick ende myn erffgenamen voir my ende myn
» erffgenamen gelost in goeder trauwen, dat die borcht ende huys
» tot synre behoeff ende synre erffgenamen alle wege staen sail,
» dair op ende aff te ryden tot horen wille, ende dat ick ende myn
» erffgenamen dat huys myt synen toebehoren openen sullen
» hom ende synen erffgenamen, wanneer sys te doin hebben,

» hom daer aff ende mede te helpen tegen alle die ghene die
» leven. Voirt soe sullen die borchlude behauden hoir recht,
» dat sy dair van auts gehadt hebben. Voert heeft my gegeven
» tot enen borchleene aldaer alsolyc lant als Johans van Krieken-
» beek Sybrech soen was, dat hy hom jaerlix plach te gelden XIII
» mud rogghen ende VIII schillinge Brabantz tot ewigen da-
» gen, die gelegen syn tot Helden. Voert soe heeft hy my gegeven
» quijt XXX malder even (*avoine*) die ick hom jaeirlix plach te
» gheven van den weerde tot Kessell, ende dat gheven, wy quijt
» ten ewygen dagen die XXX schillinge, die ick van hom jaerlix
» plach te hebben tot enen borchleene. Voert ist te weeten, dat
» ick ende myn erffgenamen sullen dese XIII mud rogghen
» ende VIII schillinge Brabanssche, mytten weerde, mytter
» borch ende myt horn tobehoren, als voersz. is, hauden van
» hom ende van synen erffgenamen tot enen onverstekeliken
» leene. Voert ist oeck te weten, dat ic ende myn erffgenamen
» sullen dese borcht, huys ende veste timmeren ende houden in
» gereken, op onssen kost, ende niet opten synen. In oerkunden
» ende vestenissen alle deser stucken soe hebben ick desen brieff
» besegelt myt mynen zegell. Gegeven int jair onss Heren
» MCCCXXXVIII op sunte Laurencius dach. (Extrait d'un re-
» gistre portant le nom de *Oudste register fol.* 92, — et Wolters,
» *Recherches sur l'anc. c. de K.* p. 102, ann. n° 20.)

Le 22 mars 1342, Mathieu de Kessel souscrivit un
acte rapporté par Nyhoff. — *Gedenk.,* vol. I, n° 385.

A° 1350, Matthys van Kessel, ontfangt den rechten
manleen den tol tot Kessel, nae quidtscheldinge der
losse die de hertogh daeraen hadt, crycht ende consent
die helft van dyen aen de weduwe Diederichs Ruerechs
verset wesende ook in te lossen.—*Extrait des registres
de la cour féodale de Gueldre.*

Le 12 février 1351, Mathieu de Kessel, chevalier, seigneur du dit lieu, souscrivit une charte de Renaud, duc
de Gueldre, rapportée par Nyhoff. — Vol. II, n° 49.

De la sainte Marguerite 1346 à la sainte Marguerite

1347, Mathias de Kessel fut receveur du duché de Gueldre. — Gachard. *Inv.* t. II, p. 31.

Le 25 janvier 1359, Mathieu de Kessel, chevalier, seigneur du dit lieu, intervint au traité d'alliance conclu entre la noblesse, les villes et pays du duché de Gueldre et de Clèves, d'après ce traité il devait fournir 20 hommes d'armes. — Nyhoff. *Gedenk.*, vol II, n° 89.

Le 1er novembre 1368, Jean de Kessel, seigneur du dit lieu, fut présent au contrat de mariage d'Édouard, duc de Gueldre avec Catherine, fille aînée du duc Albrecht de Bavière. — Nyhoff. *Gedenk.*, vol. II, n° 161.

Le 1er novembre 1368, Jean de Kessel, seigneur du dit lieu, souscrivit un acte du duc Édouard de Gueldre, rapporté par Nyhoff. — *Gedenk.*, vol. II, n° 162.

Le 13 décembre 1377, Jean de Kessel, chevalier, seigneur du dit lieu, souscrivit la charte de Guillaume de Juliers, duc de Gueldre, accordant des franchises à la ville de Venloo. — Nyhoff. *Gedenk.*, vol. III, n° 43.

Le 24 mars 1379, Jean de Kessel, chevalier, seigneur du dit lieu, souscrivit un acte rapporté par Nyhoff. — *Gedenk.*, vol. III, n° 53.

Le 5e jour après St Pierre et St Paul 1380, relief fait par Godefroid de Kessel, fils de Jean, de la cour de Kessel avec 60 bonniers, fief de Maeslandt. — *Arch. de la salle de Curang*e.

Le 20 juillet 1382, Jean et Winand de Kessel, souscrivirent un acte rapporté par Nyhoff. — *Gedenk.*, vol. III, n° 91.

Le 2 février 1398, Jean de Kessel, chevalier, seigneur du dit lieu, souscrivit la charte du duc de Gueldre accordant en fief à Guillaume *de Kriekenbeek*, *la Grute* à Lobbroeck. — Nyhoff. *Gedenk.*, vol. III, n° 215.

A° 1403, Thys van Kessel, Johans broeder, vergt eedt a° 1403, ende solde binnen een maendt schynbrengen, syner ontfenckenis : die nyet gevonden. — *Extrait du registre aux reliefs de la cour féodale de Gueldre.*

A° 1408, Johan van Kessel draeght op dat huys te Kessel, met synen toebehoren, ende den weerdt voor den huyse gelegen, ende Slaterbeex goedt met synen toebehoor ende heeren Mathys hof van Kessel, in den kerspel van Kessel gelegen, uytgescheyden alsucken deel als die abdisse van Bilsen aen den voerss. hove heeft, tot eenen gelderschen leenrechte, tot behoeff van Willem van Kessel, Mathys soen. — *Extrait du registre aux reliefs de la cour féodale de Gueldre.*

En 1409, Guillaume de Kessel, engagea le tonlieu de Kessel, pour une somme de 260 rixdalers qu'il devait à Jean de Wilre. — *Registre de la cour féodale de Gueldre.*

Le 3 mai 1418, Guillaume et Siger de Kessel, fils de Jean, souscrivirent au traité d'alliance conclu entre la noblesse, les villes et le pays du duché de Gueldre. — Nyhoff. *Gedenk.*, vol. III, n° 374.

Le 17 avril 1436, Guillaume, Jean et Siger de Kessel, intervinrent dans la nouvelle confédération conclue entre la noblesse, les villes et le pays du duché de Gueldre. — Nyhoff. *Gedenk.*, vol. IV, n° 158.

Le 1er février 1449, Siger de Kessel, souscrivit un acte rapporté par Nyhoff. — *Gedenk.*, vol. IV, n° 248.

En 1469, Jean de Kessel, comme héritier de son

père Guillaume, releva la maison et les autres biens à Kessel. — *Registre aux reliefs de la cour féodale de Gueldre.*

Le 31 mai 1471, Gérard de Kessel, est cité dans un acte rapporté par Nyhoff. — *Gedenk.*, vol. IV, n° 5o6.

Le 28 décembre 1472, Gérard de Kessel, souscrivit la charte de Charles-le-Hardi, duc de Bourgogne, rapportée par Nyhoff. — *Gedenk.*, vol. IV, n° 532.

Le 18 octobre 1473, Jean de Kessel, fit le relief du château et des autres biens situés à Kessel. — *Registre aux reliefs de la Cour féodale de Gueldre.*

Le 15 mai 1492, Jean de Kessel, membre de l'état noble de la principauté de Liége, intervint au traité de Donchery, entre la parti de la Marck et l'évêque de Liége. — *Documents relatifs aux troubles du pays de Liége*, p. 859.

Le 19 juin 1527, Willem van Kessel, erve zynes vaders Thys, ontfanght dat huys te Kessel, in den lande van Kessel gelegen, met allen synen tœbehoor als een open huys, ende den hoff Genen-Grave, ende den Weerdt voor den selven huyse gelegen; item Snaterbecx gœdt, ende den thol tot Kessel, tot geldersche rechten. — *Registre aux reliefs de la Cour féodale de Gueldre.*

Le 8 octobre 1534, Willem van Kessel tuchticht zyn vrouwe Anna *van Barrick*, 8° octobris 1534.—*Registre de la Cour féodale de Gueldre.*

Le 15 octobre 1541, Jasper van Meerwyck ende Hendrick van Barrick, van wegen zyne mœder Tresa van Meerwyck, weduw van Barrick, vermeenende beyde erven nahe erven te zyn Willems van Kessel, worden beleent 15 octobris 1541. — *Registre de la Cour féo-dale de Gueldre.*

Anno 1593 is Jo. Gerardt van Kessel den welcken Jo. Jacob van de Goye ende Joffrouwe Elysabeth van Kessel gecedeert was, alle alsucken aendeel ende gerechticheyt, nyet daervan uytgescheyden, als sy hadden in ende aen den hoff op Ten Graeff gelegen binnen Kessel, ende dependerende van het huys te Kessel, onder welck huys den voorss. Hoff oock begrepen wordt, als blyckt by de cessie daervan geschiedt, gekent voor een metgedeling in 't voors. leengoedt te dyen opsiene. — *Registre aux reliefs de la Cour de Gueldre.*

—

N. de Kessel, vassal des puissants sires de Dyck, eut deux fils :

1° Mathieu de Kessel, chevalier, 1359;

2° Siger de Kessel, qui reçut de Renaud, comte de Gueldre en 1346, le fief de Wildenhoven dans la paroisse de Beissel. Il était beau frère de Conrad *Van den Dyck.*

—

Vincent de Kessel scella, en 1480, une lettre du comte de Reifferscheidt, et qui se trouve dans les archives de Dyck.

—

Jean de Kessel épousa Marguerite *Van Impel,* à Blœmenheim (d'azur à la fasce d'argent), dont:

Anne-Marguerite de Kessel, mariée à Jean *Degenhard de Hall* à Ophoven.

—

Fahne, dans son remarquable ouvrage : *Geschichte der Kölnischen, jülischen und bergischen Geschlechter*, t. I, table II, n° 100, donne la description du sceau d'un Henri de Kessel de l'an 1396; il portait d'argent à trois losanges de gueules, posées en fasce.

—

I. N. de Kessel eut trois enfants, savoir :

1° Jean, qui suit ;

2° Mathieu, chevalier, 1412 ;

3° Sibert, 1412, épousa N..., dont Agnès, Sibert, Helwig et Guillaume.

II. Jean de Kessel, drossard de Bergheim, 1401, acheta, en 1409, de Guillaume Selbach, la manse de Niederheim ; il décéda avant 1412, ayant épousé Catherine N., qui le rendit père de :

1° Sibert, qui suit;

2° Catherine, épouse de Damien *Van Bongaert*, 1416;

3° Mathieu, chanoine de St. Servais à Maestricht.

III. Sibert de Kessel, épousa Marguerite *de Hompesch*, dont :

1° Sophie, mariée à Damien *Duitsch*, 1466 ;

2° N.. qui suit;

IV. N. de Kessel, fut père de Jean, qui suit.

V. Jean de Kessel, fut père de :

1° Irmengarde, mariée à Thierri *de Gemenich*;

2° Alverade;

3° Jean, qui suit.

VI. Jean de Kessel, à Pesch, dit Aussum, mort le 2 février 1513, enterré à Lank; épousa Béatrix *de Honseler*; achetèrent ensemble le bien nommé Carlshoff, près d'Elverich, au pays de Linn; dont :

Elisabeth de Kessel, épouse de Richart *Hurt de Schœneck*, à Rinsheim, veuve en 1503 à Pesch ; enterrée à l'église de Lank.

—

Syvert de Kessel, fut père de :

1° Marguerite, 1481, mariée à Henri *d'Oirsbeek* à Olbruck ;

2° Jean ;

3° Une fille, mariée à Jean *d'Asperschlag* ;

4° Une fille, épouse de Jean *de Diepenbrœck*, dit *Rauftesch*.

—

Wetzler de Kessel, fils de N. de Kessel et de N. *de Hanxler*, reçut en 1561, de l'archevêque de Cologne, le fief de la maison *Haen*, que ci-devant son beau père, Guillaume *de Hanxler*, avait possédée. — Il procréa trois fils dont l'un, André, reçut en 1572 un fief de l'archevêque précité.

———

La descente généalogique de l'ancienne et noble maison *de Kessel*, telle que nous la rapportons d'une manière succinte, a été extraite de tableaux dressés sous le sceau de leur office le 31 juillet 1700, par Joseph *Van den Leene*, seigneur de Lodelinsart, conseiller de Sa Majesté et son premier roi d'armes dit Toison d'or ; Louis *d'Ursel*, roi d'armes du comté de Flandre ; Charles-Nicolas *de Berckel*, roi d'armes du duché de Brabant et Jean *Beydaels*, roi d'armes du comté de Namur. Ils donnèrent à ce document force légale et caractère officiel par une attestation formelle qu'on va lire, laquelle repose aux archives héraldiques du département des affaires étrangères à Bruxelles et se trouve encore transcrite dans les manuscrits généalogiques de *Le Fort*, vol. XII, fol. 172, déposés aux archives de l'état à Liége.

« Nous messire Joseph *Van den Leene*, seigneur de Lodelinsart et Castillon, conseiller de Sa Majesté, faisant ia charge de
premier roy d'armes, dit Toison d'or, ez pays de par de çà ;
Louis *d'Ursel*, escuyer, roi d'armes pareillement de sa majesté à
titre de ces pays, provinces et comté de Flandres ; Charles-Nicolas
de Berckel, escuyer, roi d'armes de la même majesté à tiltre de
la province pays et duché de Brabant et Jean *Beydaels*, licentié
ès droits, roy et héraut d'armes de sa ditte majesté à tiltre de la
province et comté de Namur. A tous présents et à venir certifions
et attestons d'avoir veu et murement examiné la carte généalogique cy dessus dépeinte et figurée de l'ancienne et noble maison
de Kessel, cy-devant seigneurs du nom, lieu et village de Kessel,
au pays de la Meuse vulgairement nommé *Maeslandt*, environ
une heure et demye de la ville de Bois-le-Duc, au duché de Brabant, portante pour armes et marque de noblesse : Un escu d'argent à cincq lozanges de gueules, posées en croix, le dit escu
surmonté d'un heaume d'argent grillé et liséré d'or, hachements
au blason de l'escu, et pour cimier une merlette de sable entre
un vol d'argent et de gueules, commencante de messire Guillaume, seigneur de ce nom, mort l'an 1288, contenante quatorze
degrés ou générations, et de la trouver bien et deument dressée
conformément plusieurs bonnes preuves et enseignements dignes
de foy, des anciennes généalogies, notices, fondations, épitaphes,
quartiers, extraits des registres de la ville de Bruxelles, lettres
originelles passées devant les eschevins de Someren, les baillifs
et hommes de fiefs de Grandlez, reliefs, traittez de mariages et
autres documents légaux et irréprochables, cy-dessus plus am-
plement déduits et mentionnez, dont nous avons eu inspection,
de manière que nous trouvons et tenons la susditte généalogie
pour bonne et véritable en témoing de ce avons à la réquisition
des sieurs Nicolas-Joseph *de Kessel*, escuyer, seigneur de Blamont et Guillaume-Gabriel *de Kessel*, aussi escuyer, seigneur
de Watermale et Schoonenberg, capitaine de cavalerie et major
de brigade pour le service des États-Généraux, fréres, signé cette
et muny de nos cachets pour leur servir et valoir là où ils trouveront convenir ce que de raison. — Ainsy fait ès chambres

héraldiques au palais en la court de Bruxelles, ce 31ᵉ jour de juillet de l'an 1700. — Puis était signé à l'original : *D. J. Van den Leene; L. Van Ursel; N. Berckel; J. Beydaels.* — et y estoient apposez leur scel en hostie rouge couverts d'un papier, ce que j'atteste. Signé. *J. Le Fort*, roy d'armes.

Le soussigné sécrétaire du Roy au souverain conseil ordonné en Brabant, certifie qu'il appartiendra que messire Joseph *Van den Leene*, Louys *d'Ursel*, escuyer, Charles-Nicolas *de Berckel*, aussi escuyer et Jean *Beydaels* licentié ès loix ayant signé la généalogie de *van Kessel* cy-dessus, sont roys et hérauts d'armes de Sa Majesté respectivement au tiltre comme ils sont qualifiez et qu'aux tous actes par eux ainsy signéz, l'on donne plaine foy et croiance tant en justice que dehors en tesmoignage de la vérité j'ai signé la présente, et y fait apposer le cachet de Sa Majᵗᵉ.

Faict à Bruxelles, le 31 du mois de Juillet 1700, était signé : *J. P. Christyn.* Et apposé le scel aux armes de sa majesté en hostie rouge couvert d'un papier ce que j'atteste. Signé : *J. Le Fort*, roy d'armes.

I. Guillaume de Kessel, chevalier seigneur du dit lieu, fut tué à la fameuse bataille de Wœringen, le 5 juin 1288, livrée par Jean Iᵉʳ, duc de Brabant, contre Sigefroid, archevêque de Cologne, Renaud, comte de Gueldres, Henri, comte de Luxembourg et d'autres confédérés. — Il avait épousé Mathilde *de Geffen* (d'or à trois fleurs de lis de quatre feuilles de gueules), décédée en 1299, dont il eut :

1º Gossuin, tué avec son père à la bataille de Wœringen, sans alliance;

2º Jean, mort pareillement au lit d'honneur à Wœringen, aussi sans alliance;

3º Guillaume, qui suit :

II. Guillaume de Kessel, chevalier, seigneur du dit lieu après la mort de son père, se distingua aussi à la fameuse bataille de Wœringen, où quoique grièvement blessé, il n'abandonna point l'étendard qui lui avait été confié et marcha résolument à la victoire. Sa belle conduite, celle de son père et de ses frères morts, lui valurent l'honneur d'être désigné parmi les chevaliers d'élite chargés d'annoncer le résultat de ce glorieux combat, et ce fut paraît-il à cette occasion qu'il reçut pour cimier de ses armes, un corbeau becqué et patté d'or. — Par lettres datées du jour de l'élévation de la Sainte Croix de l'an 1303, Jean, duc de Lothier et de Brabant, accorda à son cher et fidèle Guillaume, sire de Kessel, chevalier, le vent (*sic*) pour construire un moulin à vent entre Kessel et Maren, à tenir féodalement de lui et de ses successeurs, et cela en augmentation de son fief. Le duc statua de plus, que nul ne pouvait élever un moulin à vent entre les dits lieux, de Kessel et Maren, sans l'autorisation du dit seigneur et de ses successeurs. Par d'autres lettres, du même duc Jean de Brabant, datées du dimanche où l'on chante Misericordia, 1306, il concéda encore à Guillaume de Kessel, la prérogative que les habitants de Kessel, de Maren et d'Alem, étaient obligés de moudre leur grain en son moulin à vent situé entre Kessel et Maren, à peine de vingt sous tournois d'amende. — Ces lettres se trouvent transcrites ainsi que deux autres du duc Jean IV, concernant le moulin en question, l'une du 1er mars 1415-1416 et l'autre du 8 novembre suivant, dans le *registre des chambres des comptes*, nº 8, fol. 42 vº.

Dans le livre *les Feudataires de Jean III, Duc de Brabant*, publié par M.Galesloot, nous lisons ce qui suit à la page 267 *(folio 112 recto de l'ancien manuscrit)* :

Willelmus de Kessel, filius quondam domini W. de Kessel, militis, II jugera terre in den werden van Alem, *et multuram* (mouture) *de II villis de Kessel, scilicet et de* Maren, *et terciam partem multure valentem circiter X libras annuatim, prout in litteris, super hoc confectis, plenius continetur.*

Nous lisons encore ce qui suit à la page 284 *(fol. 118 recto de l'ancien manuscrit)* du même ouvrage :

Willelmus, filius Willelmi, filii quondam domini de Kessel, militis, ventum duorum molendinorum sitorum apud Kessel, Maren et Alem, et unam petiam terre sitam apud Alem. Machtildis soror sua, uxor Johannis DE ENDOVEN *relevavit.*

Guillaume de Kessel mourut en 1349, il avait épousé Odilia *Van Eyll* (d'azur à une fleur de lis d'or), de l'ancienne famille de ce nom, originaire d'Italie, et issue, selon les généalogistes, de la maison *de Wachtendonck*, qui était elle même une branche de celle des seigneurs *d'Este*, de Florence. La famille Van Eyll a pour auteur Léopold de Wachtendonck, seigneur d'Eyll, fils d'Arnould, seigneur de Wachtendonck, et de Gertrude, fille de Léopold, marquis *d'Autriche.*— Azevedo. *Généalogie de la famille Van Der Noot,* p. 337.

Leurs enfants furent :

1° Othon, épousa Marie *de Cuyck* (d'or à deux fasces de gueules, accompagnées de huit merlettes du même posées en orle, 3, 2 et 3), dont :

    a. Gilbert de Kessel, chevalier, seigneur du dit lieu, épousa Marie *de Roover* (de gueules à trois fers de moulin d'argent, alésés, parés,

anchés et ouverts en losange, posés 2 et 1),
ils moururent sans postérité.

b. Agnès ou Jeanne de Kessel, dame en partie du
dit lieu, épousa Jean *de Malcote* (d'argent au
lion de sable armé et lampassé de gueules et
couronné d'or), chevalier, fils de Godefroid,
chevalier, et de Marie *de Waerseggers*. Par
cette alliance, la seigneurie de Kessel entra
dans la maison de Malcote dite de Kessel,
une des plus anciennes familles patriciennes
et lignagères de la ville de Louvain. —
*Archives héraldiques du département des
affaires étrangères. Généalogies*, n° 5, t. VI,
pp. 132 et suiv.

2° Jean, qui suit ;

3° Gilbert de Kessel, chevalier, mort en 1381, épousa
Odilia *Monincx*, ils sont les auteurs de la BRANCHE
dite DE BOIS LE DUC, rapportée ci-après.

III. Jean de Kessel, chevalier mentionné entre les
princes, barons et nobles vassaux de la duchesse
Jeanne de Brabant — Butkens. *Troph. du Brab.* t. I,
p. 540. — épousa Marie-Christine *de Boxmeer* (d'or
billeté d'azur, au lion du même armé et lampassé de
gueules), dont :

1° Thierry de Kessel, chevalier, succéda au droit de
primogéniture ou d'aînesse par la mort de Gilbert,
son cousin germain, décédé sans postérité. Il était
le favori d'Édouard de Gueldres, qui le gratifia
d'un bien considérable et libre parmi vasselage,
en reconnaissance d'une couple de lapins blancs,
comme conste les lettres du dit duc de l'an 1364,

dans lesquelles sont aussi nommés comme témoins, Mathieu et Gilbert ou Sibrecht de Kessel,
chevaliers et frères. — Il mourut sans postérité.

2° Jean, qui suit ;

3° Anne ou Agnès, mariée à Arnould *de Bie* (d'or à la
fasce bretessée et contrebretessée de sable, accompagnée de sept mouches à miel du même, 4 en
chef et 3 en pointe), écuyer, général commandant
des troupes de Thierry de Perwez, à la bataille de
Baswilre, le 22 août 1371. — *Annuaire d'Archéologie*. t. I, p. 84. Il était fils de Guillaume de Bie,
vivant en 1325, et de Jeanne *Van Eyck*, petit-fils
de Guillaume de Bie, premier du nom, marié, en
1286, à Alexis *de Lierre*, fille de Guillaume, tué à
la bataille de Woeringen, le 5 juin 1288.

IV. Jean de Kessel, chevalier, mentionné avec son
frère entre les nobles vassaux de la duchesse Jeanne de
Brabant, fut héritier de son frère Thierry, et, par le
décès de ce dernier, sans hoirs, fut chef du nom et
d'armes de sa maison. Il épousa Marie-Marguerite *de
Stackenborch* (d'or à trois fers de moulin d'azur), fille
de Guillaume, né en 1292, et de Mathilde *de Hertoghe*,
fille de Guillaume de Hertoghe, échevin de Bruxelles
en 1332, 1340, 1346, 1351 et 1356, et de Marguerite *de
Boote*, comme conste par les registres de la ville de
Bruxelles de l'an 1382 ; petite fille de Guillaume *de
Roover*, chevalier, seigneur d'Asten et autres lieux, qui
le premier de sa famille, quitta le nom de Roover,
pour prendre celui *de Stackenborch*, et mourut à
Postel en 1307, et de Marguerite *de Boisschot*. — Jean de
Kessel et Marie-Marguerite *de Stackenborch* eurent
pour enfants :

1° Mathieu, chevalier, mentionné entre les princes, barons et nobles vassaux de la duchesse Jeanne de Brabant ; il est aussi cité dans les lettres de vente de l'an 1398, d'un jardin vulgairement nommé *Heer Graven hoff*, faite par son père à Guillaume *Sansenfelt* ;

2° Jean, qui suit ;

3° Sibrecht, chevalier, aussi nommé avec son frère aîné dans les lettres d'Édouard, duc de Gueldres, de l'an 1364, ainsi que dans celles de l'an 1398, concernant la vente du jardin de *Heer Graven hoff*.

V. Jean de Kessel, tenait sa demeure à Someren ou Zomeren, au Peeland, ainsi qu'il appert par les registres de la ville de Bruxelles, des années 1413, 1422, 1426, 1429 et 1442. Il épousa Gillette *de Wingaerden* (de sable à la bande d'or chargée de trois quintefeuilles de gueules, percées et boutonnées d'or), fille de Guillaume, et d'Élisabeth *de Dinter*.

Leurs enfants furent :

1° Jean, qui suit ;

2° Guillaume, mentionné dans différentes lettres des années 1479 et 1487 ;

3° Thierry, aussi mentionné comme son frère ès années 1479 et 1487.

4° Élisabeth, mariée à Jean *van Houtmolen* (d'argent au lambel à trois pendants d'azur, à un écusson de gueules péri en abîme), comme il appert par les registres de la ville de Bruxelles de l'an 1479 ;

5° Mathilde, mariée à Gérard *de Berckel* (d'azur à trois étoiles à six rais d'or), écuyer, échevin de la ville de Bois-le-Duc ès années 1482 et 1487 ;

6° Bélia, mariée à Gilles *de Coninck* (de gueules à cinq coquilles d'argent posées en croix), fils de Pierre, vivant ès années 1479, 1482 et 1487. Ils moururent tous deux sans enfants.

VI. Jean de Kessel, fils aîné, comme il conste par les registres de la ville de Bruxelles, années 1479 et 1487, épousa Théodora *Back* (d'argent au chef de gueules, chargé d'un lion léopardé d'argent lampassé d'azur).

Nous donnons ici un acte de partage, fait en 1480, qui est d'autant plus intéressant pour la famille de Kessel qu'il a l'immense avantage de nous faire connaître tous les parents de Jean de Kessel, du chef de sa grand-mère Marie-Marguerite *de Stakenborch*, et de bien prouver sa descendance. Cet acte comprend tous les descendants de Guillaume *de Hertoghe*, échevin de la ville de Bruxelles, de 1332 à 1356, et de Marguerite *Boote*.

Allen den genen die deze letteren sullen sien oft hooren lesen, Jan *van den Voude* ende Gieles *van den Bempden*, schepenen te Brussel, saluyt! Met kennisse der waerheyd, doen cont dat opden dach van heden voor ons comen syn in properen persoonen heer Wouter VAN DER NOOT, ridder, voor hem zelven ende oock in den'name ende van wegen jouffrouwe Clara *Van der Noot*, zynder suster, kinderen wylen heeren Wouters, die men heet *van der Noot*, die hy hadde van wylen jouffrouwe Lysbetten *Eggloy*, dochter wylen heer Wouters, die men heet *Eggloy*, ridders, die hy hadde van wylen vrouwe Margriete *de Hertoghe*, syner wettiger gesellinnen was, en suster, doen sy leefde, heeren Jans en vrouwe Margriete *de Hertoghe*; ende voor Jacques *van Immichoven*, der voorgenoemde jouffrouwe Claren *van der Noot* man ende momboir, die hy hierinne vervaen hoeft; de selve heer Wouter *van der Noot*, voornoemd, Janne, Antonise ende jouffrouwe Lysbetten *van der Noot*, kinderen wylen Antonis *van der Noot*, broeder, doen hy leefde, van vader

ende mœder der vooseyde heeren Wouters; de voorgenoemde
heer Wouter *van der Noot*, in den naeme ende van wegen
vrouwe Margrieten *van der Moere*, dochter wylen heere Jan
van der Moere, doin hy hadde van wylen jouffrouwen Lysbetten *van der Noot*, suster, doen sy leefde, van vader ende
mœder, deszelfs heeren Wouters, wylen Anthonis, ende jouf-
fouwe Claren *van der Noot*, ende voor heer Willem *van Berchem*, riddere, der voorseyde vrouwen Margrieten *van der
Moere* man, die de voorseyde heer Wouter *van der Noot* alhier
inne vervaen heeft; heer Wouter van Herbais, ridder, voor
hem zelven ende voor vrouwe Lysbetten ende Barbelen *van
Herbais*, ende jouffrouwe Katelinen *van Herbais*, kinderen wylen
Simon *van Herbais*, die hadde van wylen jouffrouwe Katelinen
de Hertoghe, synen wettige wyve, dochter wylen heer Jans *de
Hertoghe*, ridders, ende soen wylen Gieles *de Hertoghe*, ende
voor heer Janne *van den Meeren*, riddere, vrouwe Lysbette.
heer Hendrick *van.....*, riddere, vrouwen Barbelen, en Peeter
van den Werve, jouffrouwe Katelinen *van Herbais*, voorseyde,
mannen ende wettige menboiren, ende de voorseyde Wouter
van der Noot, en Pieter *van Herbais*, ridders vernoemd, Willem
en Charlen, geheeten T'Serclaes, sœnen wylen heer Everard,
geheeten *t'Serclaes*, die sœn was wylen Wencelyn, geheeten
t'Serclaes, ridders, dien hy hadde van wylen wrouwen Claren,
geheeten *de Hertoghe*, synder wettiger gesellinnen, dochter wylen Gielis, die men heet *de Hertoghe*, die sy daer inne hebben
vervaen, in d'een zyde; joncker Adriaen *Vilain*, voor hem zelven
ende oock in den naeme ende van wegen heer Philips *Vilain*,
ridders, jonckeren Aerts ende Cornelis *Vilain*, synen brœderen,
kinderen wylen vrouwe Katelinen, dochter wylen Jans *de
Froyer*, Aert *Froyer* sœn, die hy hadde van wylen jouffrouwen
Aleyten *Storms*, syne wyve, dochter wylen Jans, die men heet
Storm, die hy had van wylen jouffrouwe Margriete *de Hertoghe*,
synen wyne was, suster, dœn sy leefde, der voorgenœmde wylen Gielis *de Hertoghe*; de selve joncker Adriaen *Vilain*, voor
Philippe *Wylant*, soon wylen Philippe *Wylant*, die hy hadde
van wylen jouffrouwe Margriet *Villains*, synen wettigen wyve,

suster, dœn sy leefde, van vader ende van mœder, der voor-
nœmde heer Philippe, jonckeren Aerts, Cornelis ende Adriaen
Vilain, die deselve dese jonckere Adriaen *Vilain*, mits opdragten
ende goedinge heer daer aff gedaen heeft, vervaen heeft, in
d'ander zyde; jouffrouwe Katelinen VAN STAKENBORCH, dochter
wylen Hendrick, *van Stakenborch*, die soen was wylen Willems
van Stakenborch, die hy hadde van wylen jouffrouwe Machtilden *de Hertoghe*, synen wyve, suster, dœn sy leefde, der voorgenœmde wylen Gielis ende jouffrouwe Margrieten *de Hertoghe*, ende Jan *Mechelman*, der voorseyde jouffrouwe Katelinen *van Stakenborch*, man ende wettige momboir, voor hem
zelven ende oock in den naeme ende van wegen Willems ende
Reynier *van Stakenborch*, broeders, van vader ende mœder,
des voorgenœmde wylen Henrix *van Stakenborch*, en voor
jouffrouwen Marien, Katelinen, Margrieten ende Iden *Neels*,
dochteren wylen Michiel *Neels*, die hy hadde van wylen jouffrouwe Katelinen *van Stakenborch*, suster, dœn sy leefde, van
vader ende mœder, der voorseyde Willems ende Reyniers *van
Stakenborch*, deselve jouffrouwe Katelinen *van Stakenborch*,
ende Jan *Mechelman*, hueren man, voor jouffrouwe Lysbetten
van Stakenborch dochter wylen Hendrickx *van Stakenborch*,
Willems sœn, ende voor Katelinen, Johannen ende Marien
Mercelys, dochteren wylen Jan *Mercelys*, die hy heeft van
wylen jouffrouwe Margriete *van Stakenborch*, suster, dœn sy
leefde, oock van vader ende mœder, der leste voorseyde jouffrouwe Lysbetten *van Stakenborch*, die sy al te samen hier inne
vervaen hebben; Jan VAN COUDENBERGHE, geheeten *Rolibuck*,
sœn wylen Jans *van Coudenberghe*, die men heet *Rolibuck*,
dien hy hadde van wylen jouffrouwe Katelinen *van Stakenborch*,
synen wyve, dochter wylen Reyniers *van Stakenborch*, die
brœder was, dœn hy leefde, der voorseyde wylen Willems
ende Hendrick *van Stakenborch*, voor hem zelve; jouffrouwe
Kateline *van Coudenberghe*, suster, van vader ende mœder der
voorseyde Jans, oock voor huer selven, ende wouter *van den
Heetvelde*, voor hem zelven ende voor Anne *van Coudenberghe*,
geheeten *Rolibuck*, synen wyve, suster van vader enden mœder,

der voorseyde Janne en Katelinen *van Coudenberghe*, die dae-
rinne vervaen heeft ; de voorseyde Katelinen *van Stakenborch*,
en Jan *Mechelman*, hueren man voor Janne, Willems, jouffrouwe Isabelen, Machtilden ende Beelen van Kessel, kinderen
wylen Jans *van Kessel*, die wettich soen was van wylen jouffrouwe Margrieten, dochter wylen Willems *van Stakenborch*,
voorseyd, ende voor Jan *van Houtmeelen*, Isabelen, Gheerde
van Berkel, Machtilden, ende Gielyse *de Cœninck*, Beelen *van
Kessel* voorseyde mannen ende wettige momboiren, ende voor
d'ander mede erfgenaemen wylen jouffrouwe Margriete *van
Stakenborch*; Gheelrick van Brackel, soen wylen Claes *van
Brackel*, dien hy hadde van wylen jouffrouwe Katelinen, dochter
wylen Geerleix *van Erpe*, die hy hadde van wylen jouffrouwe
Katelinen *van Stakenborch*, dochter wylen Willems *van Stakenborch*, voorseyde, voor hem zelven ende voor heer Dierick
van Brackel, zynen brœder, ende voor Margriete *van Liessen*,
dochter wylen Lucas *van Liessen*, die hy hadde van wylen jouffrouwe Katelinen *van Brackel*, synen wyve, suster, dœn sy
leefde, der voorseyde Gheerlic ende heer Hendrik *van Brackel*,
die hy hierinne vervaen heeft; ende insgelycks de voorseyde jouffrouwe Katelinen *van Stakenborch*, ende Jan *Mechelman*, voor
jouffrouwe Lucia *van der Aa*, dochter wylen Gheerts *van
der Aa*, die hy hadde van wylen Christinen *van Erpe*, synen
wyve, suster, dœn sy leefde, etc., 8 meye 1480.

Jean de Kessel, et Théodora *Back* eurent quatre
enfants, savoir :

1° Berthold, fut reçu aux familles lignagères et pri-
vilégiées de Bruxelles, comme il appert par le
registre échevinal de la dite ville de l'an 1481 ;

2° Thierry, qui suit ;

3° Guillaume, également reçu aux dits lignages de la
ville de Bruxelles, comme appert par les registres
de l'an 1524, mourut le 17 décembre 1534, et fut
inhumé dans le chœur de l'église de Someren,
appelé de temps immémorial « *Joncker-Kessel-*

choorken » — *Petit chœur de messire de Kessel*, sous une pierre ornée de ses armes et de ses quatre quartiers avec l'épitaphe suivante gravée à l'entour de la pierre :

Hier legt begraven die Edelen ende welgeborhnen van KESSEL *die starff in t'jaer ons heeren* 1544 *den* 27 *décember.*

4° Gilbert, mentionné avec ses frères en 1493 comme plus proches héritiers de la succession de Bélia, leur tante paternelle.

VII. Thierry de Kessel, écuyer, reçu aux familles lignagères de Bruxelles, par alliance à celle de *Coudenberg*, tint sa demeure à Someren, dans le Peellandt, ainsi qu'il conste par les registres de la dite ville des années 1493 et 1524. Il avait épousé Béatrix *de Gerwen* (fascé d'argent et de sable de six pièces au canton d'azur chargé d'un fer de moulin d'or), issue de la noble et très-ancienne famille *de* ou *van Gerwen*, laquelle commence sa généalogie par Jean de Gerwen, chevalier, seigneur de Nuenen, de Wetten et de Baerdonk, époux de Mechtilde *van Helmont*. — Leur petit-fils Jean, baron de Gerwen, seigneur des dits lieux, etc., général, commandant des troupes de Godefroid de Lorraine, duc de Brabant, ayant eu le malheur de tuer le bâtard de ce prince dans un tournoi qui eut lieu à Bruxelles, en 1070, fut obligé de s'enfuir en Livonie ; ses biens furent confisqués mais ensuite rendus à ses deux fils Thierry et More. — Une partie de sa postérité s'établit à Riga, une autre dans les Pays-Bas, où ils s'allièrent entr'autres aux familles *de Berthout*, *de Dœrne, de la Bouverie, Back, de Rosemont, de Grevenbroeck, de Mérode, de Heinsbergen, de Raveschot, de Brederode, de Surmont, van Brempt, de*

Rota, van Velde, etc., etc. Thierry de Kessel et Béatrix *de Gerwen* eurent cinq enfants :

1° Jean, qui suit :

2° Anne, mariée à Philippe *de Doirne,* écuyer, fils de
Thierry, et d'Anne *van Beest;* il portait de sable, à
trois tierces d'or au chef de même chargé de trois
sautoirs de gueules;

3° Berthold, marié à Anne *de Baexen* (d'argent, au
lion rampant de gueules, armé, lampassé et couronné d'or), dont :

a. Guillaume ; — *b.* Jean, mentionné dans différentes lettres de 1600; — *c.* Anne; — *d.* Béatrix ;
— *e.* Jeanne.

4° Mathy;

5° Grégoire, prêtre séculier.

VIII. Jean de Kessel, écuyer, tenait sa demeure à
Someren, et fut reçu aux familles lignagères de la
ville de Bruxelles, ainsi qu'il appert par les registres
de la dite ville de l'an 1538. Il épousa le 17 juin 1532,
Marguerite-Jeanne *de Henry* (d'azur à trois lionceaux
d'or armés et lampassés de gueules), laquelle décéda à
Someren en 1549, et fut enterrée dans l'église de cette
paroisse, devant l'autel de la Sainte-Croix, nommé le
Chœur de Kessel. — Lefort. *Généalogies et pièces
historiques,* vol. II, p. 551. — Elle était fille de Jean *de
Henry,* anobli en 1508 par l'empereur Maximilien Ier,
et de Marguerite *de Biesme,* dont la mère était de la
noble maison *de Grecy;* petite-fille de Nicolas *de
Henry,* seigneur de Thozée et de Marie *de Grenet*
(d'azur à trois gerbes de blés d'or, 2 et 1). Leurs enfants
furent :

1° Anne, mariée à Antoine *de Namur* (portait d'or au lion de sable, armé, lampassé et couronné de gueules), chevalier, seigneur de la Motte à Bouverie, issu des anciens comtes souverains de Namur;

2° Jean, qui suit;

3° Jacques, religieux dans la noble abbaye de Sainte-Gertrude à Louvain (*Sanderus chorographia sacra Brabantiae. T. II· p. 7.*), soumit au chapitre de cette noble abbaye, huit quartiers de noblesse, ce qui est attesté par la déclaration suivante:

« Nous abbé et prieur de la noble et illustre abbaye, de Sainte-Gertrude, à Louvain, certifions et attestons que c'est une règle constante et immémoriale, de ne recevoir en la susdite abbaye de Sainte-Gertrude, que des gentilshommes de nom et d'armes, faisant preuve de quatre quartiers paternels et autant maternels; certifions en outre par l'inspection de nos registres capitulaires, et des noms des personnes reçues chez nous, que depuis l'année 1526 jusque 1612, parmi les noms des maisons illustres et très-connues pour la plupart, subsistant encore aujourd'hui on trouve ceux de Woelmont, Hosden, Dongelberghe, Doorne, Walhem, Ittre, Liedekercke, Dave, Grave, Van der Linden, Eynthout, Beaufort, Bernage, D'Oyenbrugge, KESSEL, Van der Noot, Ryswyck, Erpe, Renesse, Romerswal, Trazegnies, Draeck, Rodoan, Bocholts, Van der Straeten, Eynatten, Geloes, Ryckel. En foi de quoi nous avons signé la présente et y avons fait apposer le sceau de nos armes en notre illustre et très-noble chapitre, le 16 juin 1773. Était signé, *de Renesse*, abbé; *de Bousies*, prieur; *de Woelmont*, proviseur. »

Jacques de Kessel mourut à Louvain en 1578.

IX. Mathieu aussi appelé Jean de Kessel, mort à Someren le 4 novembre 1578, épousa Catherine-Élisabeth *de Grevenbroeck* (écartelé: au 1 et au 4, d'argent à deux fasces bretessées et contrebretessées de gueules à la bordure engrelée d'azur ; au 2 et au 3, d'argent à trois fers de moulin de gueules), décédée le 4 mai 15...., et inhumée à côté de son mari dans le caveau de famille à Someren. La maison de Grevenbrœck est issue de celle d'*Arckel*, l'une des plus anciennes et illustres des Pays-Bas ; elle remonte jusqu'à Heyneman-le-Grand, noble hongrois, qui fut père de Heyneman-le-Jeune, premier sire d'Arckel, mort en 992, et marié à Gèle, fille du gouverneur de la basse-Saxe. La maison d'Arckel, est alliée aux nobles maisons des *comtes de Cuyck*, *d'Altena*, *de Heusden*, *comtes de Looʒ*, *comtes de Flandre*, *de Wernenbourg*, etc, etc,. Robert d'Arckel, sire de Lille-Saint-Hubert, Rynswoude, Hamont, Achel, etc., fut surnommé *de Grevenbrœck* et mourut en 1396, ses descendants adoptèrent le nom de Grevenbrœck. — Le château fort de Grevenbrœck, fut demantelé en 1702 par les troupes des États-Généraux, il était situé sur le territoire actuel de la commune d'Achel entre Eyndhoven et Maestricht à neuf lieues de cette dernière ville. On en aperçoit encore les ruines.

Mathieu de Kessel et Catherine-Élisabeth *de Grevenbrœck* laissèrent deux enfants, savoir :

1° Jean, qui suit ;

2° Emerentianne, mariée à Wautier *de la Bricque*, écuyer, seigneur de Lannoy en Steenvoorde.

X. Jean de Kessel, acheta de Rase de Grevenbrœck, son oncle maternel, par acte du 5 mars 1600, toute l'action qu'il avait dans la dîme de Deuren ; le 23 septembre 1611, il acheta aussi à Jeanne d'Argenteau de

Ligny, dame de Juppleu, la terre, seigneurie et haute justice de Blamont. — Il épousa Marguerite *de la Bricque* (de sinople à trois cigognes d'argent, membrées et becquées de gueules, 2 et 1), fille de Guillaume de la Bricque, chevalier, et de Marguerite *de Namur*, petite fille de Jean, bâtard de Namur, chevalier, seigneur de Trivières, et de Péronne *de Launay*, fille de Lancelot de Launay, bailli de Tournay, et de Marie de *Tourmignies*; arrière-petite-fille de Jean III, dernier comte souverain de Namur, et de Cécile *de Savoie*, sa parente. — Marguerite *de la Bricque* mourut le 29 octobre 1611 et fut enterrée, ainsi que son mari, dans l'église paroissiale de Montigny-le-Tilleul, où l'on voit encore dans la chapelle des fonts, leur pierre sépulchrale ornée de leurs quartiers et portant l'inscription suivante:

Kessel — Grevenbroeck	La Bricque — Namur
Kessel	La Bricque
Henry — Megen	Rosselaer — Launaix

Epitaphe

Du Sr Jean *de Kessel*

Ecuyer, seigneur de Blamont,

et de damoiselle

Marguerite *de la Bricque*

son épouse, la quelle trépassa

l'an 1611, le 26 d'octobre.

et le dit Sr *de Kessel* trépassa l'an

. . . le . . jour de . . . .

priez Dieu pour eux.

Leurs enfants furent:

1° Jean, qui suit;

2° Catherine-Marguerite, dame de Bomerée, née le 2 mai 1599, mariée à Jacques *de Loets* (d'or à la

bande d'azur, chargée de trois lozanges d'or et
et accostée de deux cols d'aigle arrachés de sable,
langués de gueules), Lieutenant-Colonel au régiment vicomte d'Alpe, tué à la fameuse bataille
de Lutzen en 1632.

3° Anne-Marie, épousa Jean, comte *de Looᵹ Corswarem* (d'hermines à deux fasces de gueules), du
Saint-Empire et de Niel, chevalier, seigneur de
Corswarem, Landelies, Ginglehem, Hameau,
pair de la salle noble de Curanges, chambellan et
grand écuyer de S. A. S. Ferdinand, électeur de
Cologne et duc de Bavière; veuf d'Anne-Marie
de Houtain, dame du dit lieu, fille de Jean,
chevalier, et de Jeanne *de Moerbeeke-Sᵗ-Omer*. Il
était fils aîné de François de Corswarem, comte
de Niel, et d'Antoinette de Gulpen, dame héritière
de Longchamps, Wagnies et Buissières, desquels
descendent les ducs de Looz-Corswarem et de
Corswarem-Looz d'aujourd'hui.

Anne-Marie de Kessel testa le 17 mars 1663, voici
comment elle est qualifiée dans cet acte:

« Illustre dame madame Anne-Marie de Kessel, dame com-
» tesse douairière de Niel, dame de Landelys, etc. etc., relicte
» de feu illustre et généreux Messire Jean de Corswarem, vivant
» comte de Niel et seigneur des dits lieux, etc., etc. »

XI. Jean de Kessel, seigneur de Blamont par relief
du 22 juin 1619, né le 13 juin 1597, épousa par contrat
du 12 mai 1618, Jeanne *de Bourlers* ou *Bourleᵹ* dite
Virelles (d'argent au double aigle éployée de gueules),
dame de Cour-sur-Heure, veuve d'Antoine *de Glimes*
et fille de Thomas *de Bourleᵹ* dit *de Virelles*, seigneur
et vicomte d'Ahérée, mort le 8 juillet 1605, et de Jac-

queline *de Hanoy* dite *de Fanuelz*, dame de Fanuelz, morte le 12 juin 1641. Jean de Kessel mourut en 1623, sa veuve Jeanne de Bourlers se remaria en troisième noces, par contrat passé au château de Cour-sur-Heure, le 12 août 1624, à Charles *Colins*, seigneur d'Heetvelde et de Thy; elle mourut en 1665 et fut inhumée auprès de son roisième mari, Charles *Colins*, en l'église paroissiale de Tarciennes, avec cette épitaphe :

Ici. Gist. — Noble et généreux homme — Charles Colins — seigneur de Thy et d'Heetvelde — qui trépassa le septième septembre 1661 — et noble dame — Madame — Jeanne de Bourlez — sa compaigne — laquelle trépassa le 14 décembre 1665 — priez Dieu pour leurs âmes.

Quartiers :

Colins — Heyms — Huysmans — Coudenberghe — Trickart — Nely — Soy — Berlaimont

Virelles. dit Bourlez — Lagny — Pondremy — de Henry — Fanuelz — Namur — Landas — Hangouæst.

Je pourrais m'étendre d'avantage sur l'ancienne extraction de Jeanne de Bourlers, mais il me suffira de dire que les preuves de noblesse en ont été produites par messire Jean-Guillaume Colins, chevalier de Ham, colonel et chambellan de LL. MM. II. et chevalier de l'ordre de Marie-Thérèse, à sa reception à la chambre de la noblesse de Hainaut (1).

Jean de Kessel eut de Jeanne *de Bourlers*, trois enfants, savoir :

1° Albert, dont la destinée est ignorée à dater de 1635 ;

2° Guillaume, qui suit :

3° Jean, né le 23 janvier 1621.

(1) De Sᵗ-Genois, *Mémoires généalogiques*. T. II, p. 611.

XII. Guillaume de Kessel, seigneur de Blamont, dont il fit reconstruire l'ancien manoir, né le 16 mai 1619, officier au service du roi d'Espagne, Philippe IV, puis de l'Empire, mort le 27 septembre 1678, avait épousé par contrat du 18 avril 1649, Anne *de Rolly* (écartelé : au 1 et 4, d'or au lion de sable armé et lampassé de gueules; au 2 et 3, d'or à trois fers de cheval de sable), décédée le 28 avril 1704, fille de Charles, seigneur de Conroy-le-Grand, mort le 18 novembre 1661 et enterré en l'église paroissiale de Conroy-le-Grand, avec l'épitaphe suivante : (Le Roy. *Grand théât. sacré de Brab.* t. I, 2ᵉ partie, p. 39.)

Chi gist noble et généreux seigneur Charles de Rolly, fils de Jean, écuyer seigneur de Conroy, qui trépassa le 12 octobre 1661 et dame Jeanne de Croy, sa compagne, qui trépassa le 29 novembre 1650. Priez Dieu pour eux.

Quartiers :

Roly — Porquin — Chevalier — Rustique
Croy — Tenremonde — Halle — Van der Borcht.

Et de Jeanne *de Croy*, morte le 29 novembre 1656, fille de Michel de Croy, seigneur de Conroy-le-Grand échevin de Louvain en 1592, et de Jeanne *de Tenremonde*, dame de Neer-Issche, veuve en premières noces d'Arnould *de Gottignies* (d'argent à trois maillets de sable, penchés vers la dextre de l'écu), fille d'Antoine *de Tenremonde* (d'or aux plumes de sable l'une après l'autre en pals et sans nombre), seigneur de Sart-Messire-Guillaume et Bailli de Wavre, et de Catherine *Van der Borch* dite de Huldenberg de Smeyerberghe, *ex matre Berchem ;* petite fille de Guillaume *de Croy* et de Gertrude *van Halle*, arrière petite fille de Michel de Croy et de Marie van Halle, ce dernier était fils naturel de Michel de Croy, seigneur de Sempi, chevalier de l'ordre de la toison d'or, mort le 4 juillet 1516 et enterré dans l'église d'Ecaussinne-Lalaing avec ses huit quartiers :

Croy — Craon — Renty — Flandre
Lalaing — Barbançon — Ligne — Chastel en Ardennes.

Il était fils de Jean de Croy, premier comte de Chimay. Guillaume de Kessel et Anne de Rolly eurent plusieurs enfants, savoir :

1° François-Ignace, religieux au couvent des Carmes déchaussés à Wavre, où il mourut en 1682 ;

2° Jean-Jacques, tué à Reinsbach en 1693 ;

3° Charles-Thierry, lieutenant de cavalerie au service du Prince-Évêque de Liége ;

4° Nicolas-Joseph, qui suit ;

5° Marie-Caroline ;

6° Guillaume-Gabriel, seigneur de Blamont, né au dit lieu le 10 février 1658, mort à Bruxelles le 3 février 1742, major au régiment de cavalerie du général major de Bay, au service des Provinces-Unies ; épousa le 27 janvier 1695, Marie-Thérèse *de Man* (d'argent au chevron de gueules, accompagné de trois têtes de maures liées ou tortillées de gueules), dame de Watermaele, Auderghem et Schoonenberg, par relief du premier septembre 1700, née à Anvers et baptisée à Notre-Dame, le 29 juin 1660, décédée le premier juillet 1704 et inhumée aux Annonciades à Bruxelles ; veuve de don Louis-Ignace *de Cupis de Camargo* et fille de Corneille *de Man*, Chevalier-Banneret, seigneur des deux Lennick, Walcourt, Water-

maele, Auderghem, Beaumont, Eyseren, Bis-
domme et Sart-en-Neer-Issche, conseiller au conseil souverain de Brabant, et d'Élisabeth *van
Eyck*; cette dernière était fille de Jacques van
Eyck et d'Elisabeth *van Horne*. Guillaume-
Gabriel de Kessel et Marie-Thérèse de Man laissèrent plusieurs enfants, savoir :

a. Anne-Cornélie-Barbe de Kessel, née à Bruxelles
et baptisée à Sainte-Gudule le 4 décembre
1695, décédée le 21 novembre 1727, gît aux
Annonciades à Bruxelles. — Elle avait épousé
le 8 septembre 1726, François-Alexandre
Jean-Baptiste, baron *de Seraing et de Hollogne* (1) (de sable au sautoir d'argent cantonné
de quatre merlettes du même, à l'écusson de
gueules, au lion d'argent brochant sur le
tout.), seigneur de Manil, Darion, etc. etc.,
fils d'Ernest-Dominique et d'Odille *de la
Bricque*, petit-fils de Jean-Engelbert et de
Marguerite *de Raville* (de gueules à trois
chevrons d'argent), cette dernière était fille
de Hothon-Hattard *de Raville*, chevalier,
seigneur de Meylbourg, justicier des nobles

(1) Nous lisons dans le Répertoire chronologique des conclusions capitulaires du chapitre cathédral de St-Lambert à Liége :
Le 16 juin 1518, Guillaume de Floyon, chanoine, reconnaît à Jean
de Kessel, mari de Marie de Spontin, veuve de Henri de Seraing,
l'usufruit de la maison, du jardin, viviers, etc. à Frangny. M. Goe-
thals, dans son histoire de la maison des ducs de Beaufort-Spontin, ne mentionne pas, par oubli sans doute, cette alliance de la
famille de Kessel avec celle de Beaufort-Spontin.

du duché de Luxembourg et d'Anne-Marie *de Brouchoven*. — La noble et ancienne maison de Raville est d'une haute antiquité, elle florissait déjà au dixième siècle dans le Luxembourg, où elle y occupa constamment les premières charges et dignités; elle a fourni plusieurs Maréchaux de la noblesse et Justiciers des nobles du duché de Luxembourg, un archidiacre de Trèves, des prévôts de Luxembourg, d'Arlon, de Bastogne, des conseillers nobles, etc., etc.; ses alliances furent prises dans les plus nobles familles de ce pays, telles que *de Daun, de Sirck, d'Autel, de Créhanges, de Pallant, de Flodorf, de Germiny, d'Eltz, de Croy*, etc., etc. Anne-Cornélie-Barbe de Kessel et François-Alexandre-Jean-Baptiste, baron de Seraing et de Hollogne, ne laissèrent qu'un fils unique: François-Xavier-Guillaume-Joseph, baron *de Seraing*, baptisé à Sainte-Gudule à Bruxelles, le 12 novembre 1727, décédé le 10 février 1728, il gît à côté de sa mère aux Annonciades à Bruxelles;

b. Joseph-Guillaume, baron de Kessel, seigneur de Blamont, Watermaele, Auderghem, seigneur haut-justicier de Schoonenberg par reliefs des 12 novembre 1704 et 20 décembre 1712, créé baron de son nom par lettres patentes du 20 janvier 1751:

MARIE-THÉRÈSE, par la grâce de Dieu, Impératrice des Romains, Reine de Hongrie, etc., A tous ceux qui ces présentes verront ou lire ouïront, salut: De la part de notre cher et bien amé

Joseph Guillaume de Kessel, écuyer, sgr. de Watermael, Auwer-gem, Schoonenberg et Blamont, nous a été très-respectueuse-ment qu'il seroit fils légitime de *Guillaume Gabriel de Kessel*, écuyer, en son vivant S^r des mêmes lieux, capitaine de cavalerie, et major de brigade au service des États-Généraux des Provinces-Unies, et de Marie-Thérèse *de Man*; qu'il seroit petit-fils de *Guillaume de Kessel*, écuyer, Sr de Blamont, qui auroit eu l'honneur de servir le roi d'Espagne, Philippe IV, et d'Anne *de Roly*, fille de Charles, s^r de Conroy-le-Grand, et de Jeanne *de Croy*, qu'il seroit arrière petit-fils de *Jean de Kessel*, écuyer s^r du même Blamont, et de Jeanne *de Bourley*; que le même Jean auroit été, fils d'un autre *Jean de Kessel*, écuyer qui auroit fait l'acquisition de la terre et seigneurie de Blamont le 23 de sep-tembre 1611, et de Marguerite *de Labricque*, d^e de Bomerée; que le remontrant seroit issu d'une ancienne et noble famille origi-naire de notre province et duché de Brabant; que ses ancêtres auroient contracté des alliances illustres et distinguées avec des familles des Pays-Bas, nommément avec celles *de Cuyck*, *Steenhuse, Monincx, Stakenborgh, Van Erps, Berlicum, Win-garde, van Eyck, Van Beveren, Grevenbroeck, Namur, de La-bricque, Corswarem, Cupis-Camargo*, et autres, comme il cons-teroit par l'épitaphe de *Jean de Kessel*, écuyer, s^r de Blamont, trisayeul du remontrant, posée en l'église de Montigny-le-Tigneux, avec ses quartiers, laquelle le remontrant a produite en copie authentique; que plusieurs d'entre eux avoient rendu des ser-vices signalés à leurs souverains en sacrifiant leur vie contre leurs ennemis; que le quartier *de Kessel* auroit passé tant en collège que chapitre noble aux Pays-Bas; que le remontrant dési-reroit également de consacrer ses jours dans un attachement inviolable à notre très-auguste maison; qu'il se seroit aussi allié noblement à Marie-Thérèse *van Uffels*, fille de feu Jean-Baptiste baron de Heembéek, en son vivant conseiller et receveur géné-ral de nos finances aux Pays-Bas, et d'Antoinette Lutgarde, fille du baron *Le Roy de Broeckem*; que sous l'appui de ces motifs et circonstances, il nous suplioit très-humblement de le mettre plus à portée de faire éclater son zèle pour notre royal service,

en l'honorant du titre de baron, ainsi que ses enfants et descendants de l'un et de l'autre sexe, nés et à naître de mariage légitime
et de lui permettre de pouvoir porter ce titre de son nom *de
Kessel*, et de l'appliquer sur telles terres et seigneuries qu'on
trouvera convenir, déjà acquises, ou qu'il pourra ci-après acquérir
sous notre domination et obéissance, au port des armoiries de sa
famille,qui sont d'argent à cinq lozanges de gueules posées en croix,
en lui permettant de plus de les décorer de deux lévriers d'argent,
accolés d'or pour supports et de sommer l'écu d'une couronne à
perles. Nous ce que dessus considéré, et aiant favorable égard à
cette très-humble supplication, avons, *de notre certaine science,*
grâce, libéralité, pleine puissance et autorité souveraine, fait et
créé, faisons et créons le même *Joseph Guillaume de Kessel*,
baron par ces présentes ainsi que ses enfants et descendants de
l'un et de l'autre sexe, nés ou à naître de mariage légitime, en ligne
directe, et suivant l'ordre de primogéniture, barons et baronnes;
consentons et permettons qu'ils puissent et pourront porter le
titre de baron de son nom *de Kessel*, et l'appliquer lui ou ses descendants sur telle terre et seigneurie qu'ils ont déjà acquise ou
qu'ils pourront ci-après acquérir sous notre domination et obéissance aux Pays-Bas, selon qu'ils le trouveront convenir, l'éri-
geant dès maintenant pour lors en dignité, titre, nom, cri, et
prééminence de baronnie, avec ses appartenances et dépendances,
pour de la même érection en baronnie et du titre de baron ainsi
que des droits, honneurs et prérogatives y attachées jouir et
user à jamais par le dit *Joseph Guillaume de Kessel*, et par ses
enfants et descendants légitimes comme dit est, en la même
forme et manière que font et sont accoutumés de faire les autres
barons aux Pays-Bas; le tout à charge et condition, qu'ils seront
tenus de faire le serment de fidélité et léauté pour la même
baronnie en nos mains ou en celles de nos hoirs et successeurs, ou de nos lieutenants-gouverneurs et capitaines-généraux
des mêmes pays, que nous avons à ce commis et autorisés,
comme Nous les comettons et autorisons par ces présentes; de
jurer et promettre par le même serment, de tenir la dite baronnie lorsqu'elle aura été appliquée sur la terre et seigneurie, que

lui ou ses enfants et descendants trouveront convenir, de nous et de
nos hoirs et successeurs en fief, selon les lois et usages de la
province ou pays où l'application en aura été faite, et d'en faire
alors le relief en payant les droits à ce dûs, là et ainsi qu'il
appartiendra, à condition, en outre, que la même baronnie après
la dite application, ne pourra être séparée, éclipée ni démembrée
par lui ni par ses descendants par testament, contrat ni autre acte
quelconque, et de plus que cette notre présente grâce, création
et érection en baronnie ne tournera à présent ni à l'avenir à notre
préjudice, ni à celui de nos droits, hauteurs, seigneuries, jurisdictions, ressorts, autorités et prééminences ; avons aussi
accordé et permis, comme nous accordons et permettons audit
Joseph Guillaume de Kessel et à ses enfants et descendants de
l'un et de l'autre sexe, nés ou à naître de mariage légitime, en
ligne directe, et suivant l'ordre de primogéniture, de continuer à
porter les armoiries de sa famille blasonnées ci-dessus, de les
décorer de deux lévriers d'argent accolés d'or pour supports, et
de les sommer d'une couronne à perles, en la même forme et
manière qu'elles sont peintes et figurées au milieu de ces présentes ; chargeons Son Altesse Royale le duc Charles Alexandre
de Lorraine et de Bar, notre très-cher et très-aimé beau frère et
cousin, notre lieutenant, gouverneur et capitaine - général des
Pays-Bas ; donnons en mandement à tous nos conseils et autres
nos justiciers, officiers et sujets qui ce peut regarder et toucher,
qu'ils fassent et laissent pleinement et paisiblement jouir et
user le même *Joseph Guillaume de Kessel*, de même que sa
postérité légitime en ligne directe et suivant l'ordre de primogéniture, comme dit est, de la création, nom et titre de Baron
de Kessel, des droits, honneurs, prérogatives y attachées, et de
tout le contenu en ces présentes, sans leur faire, mettre ou
donner, ni souffrir être fait, mis ou donné aucun trouble ou
empêchement, au contraire ; mandons en outre à notre conseil
des finances, à ceux de notre chambre des comptes, aux roys
d'armes aux Pays-Bas, et à tous ceux qu'il appartiendra, qu'ils
procèdent bien et duement à la vérification, intérinement et
enregistrement de ces présentes, selon leur forme et teneur ;

car ainsi nous plaît-il : voulant au reste que dans l'an, à compter
de la date des présentes, elles devront être présentées à notre
premier roy d'armes ou autre qu'il appartiendra aux Pays-Bas,
en conformité et aux fins portées par le xv⁰ article de l'ordonnance décrétée par les archiducs Albert et Isabelle, le 14 décembre 1616, touchant le port des armoiries, timbres, titres et
autres marques d'honneur et de noblesse, à peine de nullité de
cette noire présente grâce ; mandons à notre premier roy d'armes
ou à celui qui exercera son état aux mêmes Pays-Bas, ainsi qu'au
roy ou héraut d'armes de la province qu'il appartiendra, de
suivre à cet égard, ce que contient le règlement fait par ceux de
notre conseil privé le 2⁰ octobre 1637, au sujet de l'enregistrement de nos lettres patentes, concernant les marques d'honneur
et de noblesse, en tenant par nos dits officiers d'armes respectivement notice au dos de cettes. Et afin que ce soit chose ferme
et stable a toujours, nous avons signé les présentes et y fait
mettre notre grand scel. Donné en Notre ville et résidence
impériale et royale de Vienne, le 20⁰ de janvier, l'an de grâce 1751,
et de nos règnes le onzième ; paraphé *D*ˣ, *de Sil*ᵃ. *V*ᵗ, signé
Marie-Thérèse, et plus bas, par ordonnance de Sa Majesté l'impératrice et reine, contresigné *Corneille M*ᵃ *Néni*.

Joseph-Guillaume, baron de Kessel, était
né le premier juillet 1697, et mourut en 1769 ;
il avait épousé le 25 mars 1732, Marie-Thérèse-
Josèphe *van Uffels*, née le 17 mars 1711, décédée
le 25 janvier 1779, fille de Jacques-Jean-Bap-
tiste, baron d'Over-Humbeek, conseiller-
receveur-général des domaines et finances, et
de Ludgarde-Antoinette-Elisabeth, baronne
Le Roy de Bræckem, sa première femme.

Leurs enfants furent :

aa. Marie-Constance-Josèphe-Ludgarde,
mariée à Pierre-Bruno *Petit*, seigneur de
Goberwé, dont une fille mariée à *de Pestre
de la Ferté*, dont un fils unique ;

bb. Alexandre-Joseph-Ghislain, mort jeune;

cc. Joseph-Ghislain-Hyacinthe, mort jeune;

dd. Joseph-Benoit-Casimir-Hyacinthe, baron de Kessel, seigneur de Blamont, par relief du 21 juin 1769, de Watermaele, Auderghem, etc., etc. né le 29 novembre 1739, lieutenant en 1764 dans le régiment d'Arberg, il épousa le 19 juillet 1769, Isabelle-Louise *Antoine*, décédée le 20 octobre 1780 à l'âge de 83 ans, veuve de Jean-Joseph *Walekiers*, seigneur d'Ooswinkel, et fille de Jean-Baptiste *Antoine*, et d'Isabelle *Hoboken*;

ee. Thérèse-Isabelle-Hyacinthe, décédée le 20 janvier 1812, avait épousé Pierre-Félix-Maur, comte *de Vinchant de Milfort* (d'azur à la bande d'or, chargée de trois étoiles à six rais de gueules), seigneur de Lahaye, de Court à Ghlin, etc., etc.; créé comte de son nom, par lettres-patentes du 10 janvier 1753; né à Mons le 11 juin 1724, mort le 15 juin 1796, veuf de Cécile-Caroline-Joséphine *d'Olmen*, fille d'Eugène-Joseph *Leclercq* dit *d'Olmen*, baron de Poederlé, et de Marie-Hélène *de Steenhuys* et fils de François-Jean *de Vinchant*, et de Marguerite-Françoise *Le Duc*;

ff. Joseph-Jacques-Hyacinthe, baron de Kessel, enseigne le 14 septembre 1765 dans les gardes wallones au service d'Espagne, sous lieutenant le 10 juin 1769,

sous-aide major le 7 juillet 1775, lieutenant le 28 mars 1776, exempt des gardes
du corps de la compagnie flamande, colonel au régiment de Calatrava, cavalerie,
au service d'Espagne en 1779, mourut
sans alliance;

> *gg*. Gratianne - Hyacinthe - Marie, morte à
l'âge de trois ans.

c. Anne-Marie de Kessel, née à Maestricht en
1701, et décédée à Bruxelles le 23 avril 1766,
avait épousé le 12 juillet 1729, Théodore-
André-Augustin *Snellincx*, seigneur de Sart,
Corbie, Ophem et Betekum, mort à Bruxelles,
le 23 mai 1746, fils de Jean-André, secrétaire
du conseil privé, mort le 15 mars 1729 et de
Marie-Anne *van Reynegom*, fille du chevalier Corneille van Reynegom, seigneur de
Buzet, et d'Isabelle *Maillaerts*, dame d'He-
renthout; petit-fils d'André *Snellincx*, commissaire des finances, et d'Anne-Augustine
Araçola Deonate.

XIII. Nicolas-Joseph de Kessel, seigneur de Blamont, capitaine de cavalerie, puis major de brigade au
service des États-Généraux, épousa Marie - Thérèse
Cupis de Camargo (écartelé : au 1 et 4, d'azur à une
biche d'or, rampant sur une terrasse de sinople; au 2
et 3, d'or à trois marmittes de sable à la bordure de
gueules, chargée de huit châteaux ou tours d'or), fille
de Thierry, seigneur de Baillerie, et d'Anne-Dorothée
le Gros, fille de Jean *le Gros* et de Marie *la Vallée*;
petite fille d'Alexandre *Cupis* alias *Camargo*, lieute-

nant d'une compagnie de cuirassiers, au service de
S. M. C., et d'Élisabeth *Le Jeune*, dame de Baillerie,
ils testèrent le 8 avril 1617 ; arrière petite-fille de Pierre
Cupis, mort à Namur le 15 mars 1588, capitaine d'infanterie pour le service de S. M., et de Jeanne *Favely*,
leurs quartiers étaient :

Cupis — Quatroochi — Montefalco — Bufalo —
Favely — Dupuis — Han — Salmker.

Nicolas-Joseph de Kessel et Marie-Thérèse *Cupis de
Camargo* eurent sept enfants qui suivent :

1° Charles-Antoine-Albert-Joseph, qui suit ;

2° Sébastien-Joseph de Kessel, mort capitaine au régiment du prince Claude de Ligne, après quarante
années de services. Il avait épousé Caroline-Isabelle *de Florès-de Sierra-y-valdès*, dont il eut :

    a. Thomas-Joseph, baron de Kessel, capitaine
       puis major au régiment d'Arberg, pour le service de S. M., fut créé baron de son nom avec
       décoration d'armoiries, par lettres patentes
       du 24 avril 1751 :

Marie-Thérèse, par la grâce de Dieu, Impératrice des romains,
reine d'Allemagne, etc. A tous ceux qui ces présentes verront, ou
lire ouiront salut : De la part de notre cher et bien amé Thomas-
Joseph *de Kessel*, écuyer, capitaine au régiment d'Arberg, à
notre royal service, nous a été respectueusement représenté
qu'il seroit fils légitime de Sébastien-Joseph *de Kessel*, écuyer,
en son vivant capitaine d'infanterie au régiment du prince Claude
de Ligne, et de Caroline-Isabelle de Florès de Siera ; qu'il serait
petit-fils de Nicolas-Joseph *de Kessel*, écuyer, sr. de Blamont, et
de Marie-Thérèse Cupis Camargo ; qu'il seroit arrière petit-fils
de Guillaume *de Kessel*, sr. de Blamont, qui auroit eu l'honneur
de servir le roy Philippe IV, et d'Anne de Roly ; que celui-ci
auroit été fils de Jean *de Kessel*, écuyer, sr du même Blamont,
et de Jeanne de Bourlez ; que ce dernier aurait été fils d'un

autrȩ Jean *de Kessel* qui auroit fait l'acquisition de la terre et seigneurie de Blamont, le 23 de septembre 1611, et de Margue-rite de Labrique, dame de Bomerée ; que la famille du remon-trant etc.

(Le reste conforme aux lettres patentes accordées à Joseph-Guillaume de Kessel, avec cette différence qu'au lieu de deux lévriers pour supports, ce sont deux sauvages armés de leurs massues, et que l'écu est sommé du bonnet ou couronne de Baron.)

Il épousa : 1° le 19 mars 1750, Gratienne-Marie-Pétronnille *de Provins*, dame des deux Lennick et d'Ophem, née le 13 septembre 1712 et décédée le 29 septembre 1751 (1750 ?), veuve de Jean-Baptiste *de Man*, seigneur des mêmes lieux et fille de Georges-Théodore ou Jacques, baron *de Provins*, directeur de l'académie de la cour à Bruxelles, et de Marie-Élisabeth *Stevers* ; 2° le 23 décembre 1752, Marie-Claire-Thérèse *Van Beughem* (bandé d'or et d'azur de six pièces, à la bordure chargée de huit quintefeuilles d'argent), née le 6 octobre 1707, morte à Bruxelles le 21 septembre 1779, veuve de François-Hyacinthe *L'Escornet*, et fille de Hyacinthe-Joseph *Van Beughem*, seigneur de Houtem, Capelle, Ramsdonck, etc., etc., et de Marie-Ursule-Gasparine-Thérèse *de Villegas* ;

b. Maximilien-Joseph, capitaine au régiment d'Arberg ;

c. Marie-Françoise-Josèphe ;

d. Charles-Philippe-Joseph, mort à Charleroy.

3° Anne-Marie-Émérence de Kessel, décédée le 12 mars 1759, avait épousé : 1° Alexandre-François *de Bethune* (de gueules à un homme armé de toutes pièces, les mains et la face découvertes et sans barbe, ayant le bras droit élevé empoignant une épée nue, pommetée et croisetée d'or), seigneur de Niele-Sᵗ-Martin, mort le 6 octobre 1715; 2ª le 25 mars 1717, Jean-Philippe *Le Gillon* (de gueules à deux lions d'or, adossés et aux queues entrelacées), né le 7 mars 1690, fils de Jean-Philippe, et de Marie-Isabelle *Henriet;*

4ª Maximilienne-Philippine-Gabrielle de Kessel, religieuse à Wauthier-Braine;

5ª Albertine-Dorothée de Kessel, mariée à Philippe-Joseph *d'Onyn* (d'azur, billeté d'argent, à la bande d'or brochante sur le tout), seigneur de Wez, né en 1668, fils cadet de Jean-Jacques d'Onyn de Chastre, dit *de la Vallée*, capitaine au service de Sa Majesté Catholique, et de Jeanne-Marguerite *Jonnart*, fille de Daniel Jonnart, écuyer, chef commissaire royal de cavalerie espagnole pour le service du roi, et de Marguerite *de Pinchart de Tiége*, dont les quartiers sont :

Pinchart de Tiége, — Bernard de Braze, — Ghenne, — du Bois. —

6ª Isabelle-Thérèse de Kessel;

7ª Agnès-Maximilienne de Kessel, religieuse en la noble abbaye de Forêt.

XIV. Charles-Antoine-Albert-Joseph de Kessel, seigneur de Blamont, sous-lieutenant dans les gardes-wallonnes le 5 août 1704, lieutenant le 1ᵉʳ avril 1707, fit les campagnes de la guerre de succession d'Espagne, assista au siége de Barcelone, capitaine le 10 avril 1717, il mourut colonel agrégé de la place de Barcelone (Guillaume. *Histoire des gardes wallones*, p. 354.). Il avait épousé, en Espagne, Marie-Gertrude *de Ager et de Abꝫina*, dont il eut :

1° Pierre-Christophe de Kessel et de Ager, enseigne dans les gardes wallonnes le 19 février 1736, sous-lieutenant le 28 décembre 1741, lieutenant le 3 août 1746, fit toutes les campagnes d'Italie, se distingua à Plaisance, capitaine le 26 février 1761, il fit les campagnes de Portugal et mourut sans alliance, colonel agrégé à l'état-major de la place de Barcelone. (Guillaume. *Hist. des gard. wallones*, p. 354.)

2° Joachim-Joseph de Kessel, enseigne dans les gardes wallonnes le 12 février 1751, sous-lieutenant le 18 février 1760, prit part à l'expédition de Portugal, lieutenant le 5 octobre 1765, assista à la descente d'Alger en 1775, capitaine le 17 juillet 1777, il se retira du service le 6 mars 1794 avec retraite de brigadier des armées de S. M. C. et mourut en célibat. (Guillaume. *Hist. des gard. wallones*, p. 354.)

3° Charles-Joseph de Kessel et de Ager.

BRANCHE DE BOIS-LE-DUC

III *bis*. Gilbert de Kessel, chevalier, troisième fils de Guillaume de Kessel, chevalier, seigneur du dit lieu, et d'Odile *van Eyll*, est mentionné avec son frère Jean entre les nobles vassaux de la duchesse Jeanne

de Brabant et mourut en 1387. Il avait épousé Odilia
de Monincx (d'argent à deux tourteaux de sable,
chargés d'une hermine d'or ; au franc quartier de *van der
Aa* qui est échiqueté d'or et de gueules, au canton d'argent chargé d'une merlette de sable), dont il eut :

1° Madeleine, mariée à Waléran *de Berlicum* (d'azur à
trois fers de moulin d'or) ;

2° Catherine, religieuse en la noble abbaye de Binderen, dans le Peelandt, où elle décéda en 1411 ;

3° Marie, morte en célibat ;

4° Jacques, qui suit ;

5° Albert ou Arnould, marié, en 1419, à Mahaut *de
Steenhuys* (d'argent au chevron de gueules, accompagné en pointe d'un anneau de même) ;

6° Martin, marié à Gertrude *de Stakenborch* (d'or à
trois fers de moulin d'azur), morts tous deux
sans hoirs.

IV. Jacques de Kessel, chevalier, marié : 1° à Agnès
van Erpe, fille d'Arnould, seigneur de Ponsondal, et de
Marguerite *van Os* (d'argent à trois rencontres de
bœuf de gueules, accornées d'or) ; 2° à Ida *van Doirne*
(de sable à trois tierces d'or, au chef de même chargé
de trois sautoirs de gueules), dont du premier lit :

1° Jacques, religieux, prêtre en l'abbaye de Postel ;

2° Agnès ; 3° Marie ; 4° Agathe, toutes trois religieuses
en la noble abbaye de Binderen ;

5° Angéline, mariée à Hubert *van Vucht* (d'or à trois
pals de sable) ;

6° Gilbert, chevalier, marié à Jacqueline *van Gerwen*,
auteurs de la *Branche d'Espagne*, dont la descendance suivra après celle de son frère Martin ;

7° Madeleine, mariée à Josse *van Eyck* (d'argent au chef pallé de trois pièces de sable), chevalier, mort en 1451 ;

8° Martin, qui suit.

V. Martin de Kessel, chevalier, était en grande estime à la cour des ducs de Bourgogne, Philippe le Bon et Charles le Téméraire, il épousa Isabelle *Bacx* (d'argent au chef de gueules, chargé d'un lion léopardé d'argent, lampassé d'azur), issue de l'ancienne famille Back ou Bacxen, alliée plusieurs fois aux de Kessel, et originaire de la Campine. Cette famille a fourni des échevins de Bois-le-Duc, des écoutêtes d'Oosterhout, un conseiller du prince-évêque de Liége, un lieutenant-grand veneur de Brabant, des avocats au conseil de Brabant, un tréfoncier général du prince Maurice de Nassau, des sergents-majors, des conseillers-receveurs à Bréda, un conseiller de S. M. Britanique à Bréda, des capitaines et des lieutenants très-distingués ; ses membres se sont alliés avec les *Godin*, *van Drongelen*, *van Brœchoven*, *van Diepenbeek*, *van Oirdeveldt*, *de Witthem*, *van Veen*, *de Vlœderaken*, *van Glabbeke*, *Moninckx*, *de Brederode*, *Dickbier*, *van den Coulstre*, *de t'Serclaes*, *de Waroux*, *d'Alckemade*, *de Daelhem*, *de Salazar*, *de Clootwyck*, *van den Dorpe* et autres bonnes maisons.

Leurs enfants furent :

1° Jacques, marié en 1490, à Théodore *van Gerwen*, dont : Martin de Kessel, mort en célibat ;

2° Jean, qui suit ;

3° Elisabeth, mariée à Jean *van Eyck*.

VI. Jean de Kessel, écoutête de Boxtel, puis chef

écoutête de Bois-le-Duc, 2 janvier 1529 au 11 mars 1532, (Butkens *Troph. de Brab.* t. II, p. 542.) fut député, en 1525, de la part de la mairie de Bois-le-Duc, pour régler les subsides du prince; en 1528, il est cité comme receveur dans les comptes de recettes de Charles-Quint, d'une somme de 144,000 florins payés par les villes d'Anvers et de Bois-le-Duc pour l'entretien de 1,200 cavaliers et de 5,250 fantassins. (Gachard. *Archives de la cour des comptes.* t. III, p. 40.) Il épousa Élisabeth *van Polle* ou *van der Pol* (d'or à la fasce de sable, accompagnée de trois lozanges de gueules, 2 en chef, 1 en pointe), dont il eut :

1° Antoine, qui suit ;

2° Marguerite, mariée à Gérard *d'Amerongen* (d'argent à la roue de gueules) ;

3° Henri, marié à Catherine *Monnier* (d'azur au griffon d'argent, accompagné de trois croissants du même, 2 en chef et 1 en pointe), dont Henriette de Kessel, épouse de Charles *de Vlierden* (d'argent à trois fers de moulin de sable, 2 et 1), issu de l'ancienne famille de ou van Vlierden, branche cadette de la maison *de Roover*; elle a pour auteur Arnulphe de Roover, seigneur de Straeten et Vlierden, deuxième fils d'Edmond de Roover, seigneur de Rode, dans la mairie de Bois-le-Duc, vivant en 1179, et d'Hedwige, fille de Godefroid, seigneur de Rhenen ;

4° Adrienne, mariée à Évrard *de Nieulandt* (d'or à trois roses de gueules) ;

5° Anne, mariée à Gossuin *Van der Stegen* (d'or au lion de sable armé et lampassé de gueules, la queue fourchue et passée en sautoir), licencié ès lois et échevin de Bois-le-Duc, fils de Jean, et de Marguerite *Kemp ;* leur bis-arrière petit-fils, Jean van der Stegen, drossart de Brabant, fut créé comte par lettres patentes du 3 janvier 1698. Anne de Kessel et son mari gisent tous deux, en l'église cathédrale de Saint-Jean, à Bois-le-Duc, sous une pierre tombale portant l'inscription suivante :

Begraeffenisse — des eerweerdigen heeren Mr. Goossen VAN DER STEGEN, — *Licentiaet in beyde de rechten, raedsheer en kerckmeester — deeser stadt, sterft den* 15 *october* 1577 *— En juffrouw* ANNA VAN KESSEL. *synhuysvrou, — sterft den* 31 *october* 1556. — *En juffrou* MARIA VAN DER STEGEN, *dogter van Joannes —* VAN DER STEGEN, *sterft den 3 meert* 1625. — *En juffrou Maria* VAN DER STEGEN, *sterft — den 17 juny* 1688. — Quartiers : *Van der Stegen, — Kemp, — et van Kessel, — van der Pol.* (Le Roy. *Le grand théâtre sacré de Brabant.* t. II, livre I, p. 37.)

VII. Antoine de Kessel, épousa Jossine *Back* et fut père de :

1° Gertrude, mariée à Guillaume *de Borchgrave*, seigneur de Capelle, Œrle, Mervelt, etc. ; fils de Pierre *de Borchgrave,* (d'argent à deux bars adossés de sable), et de Marie *van Bruhesen* (de sable à trois cors d'argent enguichés et virolés d'or), veuf d'Everardine *de Nieulandt*, fille d'Évrard, et d'Ide *Berwouts ;*

2° Thierry, qui suit.

VIII. Thierry de Kessel, épousa Anne *van den Wyngaerden* (de sable à la bande d'or chargée de trois quintefeuilles de gueules, percées et boutonnées d'or), dont :

1° Martin, marié à Ambroise *van Kelst* ou *Kelsth*

(écartelé : au 1 et 4 de gueules à une clef et une flèche toutes deux d'or et passées en sautoir; au 2 et 3 d'azur à la croix d'or), fille d'Arnould, et petite fille de Jérôme et d'Ambroise *van der Stegen*. Ils n'eurent qu'une fille, Julienne de Kessel, mariée à Lambert *van Meulbracht* ;

2° Antoine, qui suit.

IX. Antoine de Kessel, épousa Mathilde *Rœloffs* (d'azur à une étoile à huit rais d'argent) et fut père de :

1° Thierry ou Théodore, marié à Hildegonde *van Gerwen*, ils vivaient en 1560 et sont les auteurs *des barons de Kessel d'Anvers* ; leur descendance suivra après celle de la branche d'Espagne ;

2° Antoine, qui suit ;

3° Jacques, marié à Marguerite *de Maseys* ou *Masieu* (de gueules au chevron d'or accompagné de trois croissants d'or, 2 en chef et 1 en pointe; au chef d'argent chargé d'un cœur de sinople), vivaient ensemble en 1564. Leurs enfants furent :

a. Mathieu, 1593, marié à Madeleine *Herincx* (de gueules au chef d'or fretté de sable), dont : Laurent de Kessel, écuyer, 1652, secrétaire de Bois-le-Duc;

b. Jacques, établi à Paris, où deux de ses petits fils furent : l'un, brigadier et colonel d'un régiment d'infanterie au service de S.M.T.C., puis chevalier de l'ordre de Saint - Louis ; l'autre, capitaine de vaisseau dans les armées navales de S. M. T. C.;

c. Marie, mariée au baron *de Viron* (d'azur au palmier arraché d'or, au chef arrondi de trois

festons de même, chargé d'une aigle éployée
de sable), lieutenant-colonel au régiment de
Ribaucourt, au service de S. M. C., issu d'une
ancienne famille de Bourgogne, anoblie par
l'empereur Charles-Quint, le 25 octobre 1542.

4° Gilbert-Antoine, marié à Paschina *de Moor* (écartelé : au 1 et 4, d'or à une merlette de sable ; au 2,
d'argent parti de quatre pointes et une demie de
gueules, et au 3, échiqueté de sable et d'argent de
six tires), ils gisent tous deux en l'église de Saint-
Jean à Bois-le-Duc, où l'on voit encore l'inscription suivante :

*Begraeffenisse — van Gysbert Anthoni van Kessel — sterft
den 13 october 1631. — En Pasquina, dogter van M^r. Gerard —
de Moor, syn huysvrou — sterft den 4 meert 1642. — (Le Roy.
Le grand théâtre sacré de Brabant, t. II, liv. I, p. 42.*

Ils laissèrent trois enfants, savoir :

a. Antoine, marié, 1° à Marie *Bock* (de sable à
la fasce d'or accompagnée en chef de trois
merlettes de même ; écartelé d'or à quinze
clochettes d'argent, 5, 4, 3, 2 et 1.) ; 2° à Lu-
crèce *van Gerwen*, dont :

aa. et *bb.* Gérard et Gilbert, jésuites ; *cc.* Arnould ; *dd.* Anne-Marie.

b. Mathilde, chanoinesse à Wallwyck ;

c. Martha.

X. Antoine de Kessel, épousa Hélène *de Guins*,
(de gueules au bras armé, empoignant une épée d'argent garnie d'or ; écartelé d'azur à une tête et
col de cerf d'argent, percée d'une flèche de gueules,
ferrée d'argent ; sur le tout, de sable à une tour d'argent
en flammes, mouvant du chef), fille de Pierre, et de
N. *de Ryvers* ; de cette union naquirent :

1° Antoine, capitaine de cavalerie au service des Provinces-Unies, marié à Suzanne *van Leuwen* (d'or au lion de gueules), dont une fille, Antoinette de Kessel, épouse de Jacques *de Losecat*, écuyer ;

2° Thierry ou Théodore, qui suit ;

3° François, cornette au service des États-Généraux, marié à Isabelle *de Vriese* (de gueules à trois glands d'argent) ;

4° Pétronille, mariée à Jean *van Daelen*, seigneur de Héricouwen et gouverneur du port d'Escarpe pour S. M. C. ;

5° Jeanne, mariée à Jean *van Lanevelt* (de sable au sautoir componné d'argent et de gueules, en chef un besant d'argent), capitaine au service de S. M. C.

XI. Thierry ou Théodore de Kessel, seigneur de Terbruggen ou Ecquier, en la libre baronnie de Steyn-sur-Meuse, fief qu'il acheta de Hugues van der Cappelle, par acte du 14 mai 1633. Voici un extrait de cet acte :

« Je Jean Asscheborg, licentié ès droits à Werne, Olffen, et Asscheborg, de la principauté de Munster, respectivement juge ordonné et gogreff, connoit parmy et en vigueur des pñtes lettres à tous et un chacun, que par devant nous en justice et en présence des témoins dignes de foy est personnellement venu et comparu le bien noble et généreux Hugo *van der Cappelle*, propriétair à Osteck, Haure et Brœkhausen, etc., qui at dit et déclaré ouvertement pour foy et tous que du consentement, gré, approbation de son fils Etienne-Henri *van der Cappelle*, côe aussi d'Anne-Marguerite *van der Cappelle*, sa fille, · ‹ son fils gentilhomme Henry *van Asschenbergh* à Bœster, il a librement et de bonne volonté, d'une vende perpetuelle et irrévocabie, vendu, cédé et transporté, comme il fait aussy depreserti, au noble

généreux et très renomé Théodore *de Kessel de Liége*, un bien
fief appelé Bruggen, situé dans la seigneurie de Steyn, dessous
Mastrecq, avec toutes ses appartenances, droits et justice, rien du
tout réservé, ainsy que de sa feue épouse Marie *van Bex* est
dévolu à luy et à ses enfants retenuz d'elle, et que jusqz ors ils
l'ont possédé néantmoins avec ratification du seigneur féodal,
libre de toutes charges, cens ou rentes, sauf l'ancien impost, etc. »

Voici encore un extrait des anciens registres de la
baronnie de Steyn concernant Thierry de Kessel.

« Diederick von Kessel, hatt sich bey eins den 8 jañry 1633.
angeben und uns eine pargamenen kaufbrief mit vier anhan-
gende siegelen in grünen wachs vorbracht darinne fugen *von der
Cappellen* mit seine Erben und leengut Ihme Kesselen verkauft
haben darauf seine unterthamgst bissen damit belchnet ober-
mits Hermen, Keumers, Tysken Haegmans, und corstien muris,
lehnmannen geschehen ahm neuten January 1633 jahrs und uns
das hergeweidt bazahlt im platz des stoelen schwertz mit sesthien
goldt gulden ende fest syn lydt van trouwicheyt gedaen, ende
hebben door onsen leen secrõt door ordre van stadthouder ende
leenzegel doen onderdrukken op heden den 14 january 1724. »

Thierry de Kessel s'établit au pays de Liége et
épousa la fille du seigneur *de Steyn*, issue de la très
noble et très ancienne maison de Steyn, déjà connue
au XIe siècle, laquelle portait lozangé d'or et de gueules.
— Ils eurent un fils, Thierry, qui suit :

XII. Thierry de Kessel, seigneur de Terbruggen par
relief du 9 janvier 1643, épousa Marie *de Huybrichs*
ou *Huybrechts* (de sable à cinq tierces d'or, au chef
d'argent, chargé de trois annelets de gueules), dont il
eut :

1º Thierry, qui suit ;

2º Pétronille-Hélène, mariée à Dithmar *van den
    Clooster* (Ferwerda. *Adelyk en aanzienlyk
    wapenboek van de Zeven Provincien*. Leeuwar-

den, 1760-72, *Généalogie van den Clooster*.) (de gueules à 18 besants d'or, posés 4, 3, 4, 4 et 3), lieutenant-colonel, né le 20 février 1644, mort le 8 décembre 1706, fils de Rœloff *Van den Clooster toe Rhebrugge*, né en 1587, mort le 30 mars 1662, et de Gardina *Swaesken to Rande*.

XIII. Thierry de Kessel, seigneur de Terbruggen, par relief du 26 septembre 1656, né à Steyn-sur-Meuse, et y décédé le 14 octobre 1697 : Anno 1697, die 14 8bris, mane circa septuum antemeridianum pie obdormivit, in domino, nobilis dominus Theodorus de Kessel administratus sanctae Romanae Ecclesiae sacramentis. Requiescat in pace. — Il épousa Catherine-Marie *van Soons*, laquelle lui survécut jusqu'au 3 décembre 1702 : Anno 1702, die tertia decembris, obiit in Domino, circa auroram Domina Catherina Soons, relicta vidua nobilis domini Theodori de Kessel, administrata omnibus Stae Rom. Ecclesiae Sacramentis. Requiescat in pace. — Ils furent tous deux inhumés dans l'église paroissiale de Steyn, où il se célèbre encore annuellement, le 14 octobre, un obiit pour Thierry de Kessel. — Leurs enfants furent :

1° Guillaume, drossart de Steyn, mort sans alliance, le premier octobre 1721 et inhumé devant l'autel de Saint Jean-Baptiste dans l'église de Steyn, où il se célèbre encore annuellement, le 1er octobre, un obiit pour le repos de son âme ;

2° Jean-Théodore, qui suit ;

3° Cécile, décédée le 6 avril 1748, mariée le 3 mai 1708, à Jean-Gaspard *d'Oidtman*, drossart de Steyn, mort le 9 décembre 1742 ;

4ᵉ Anne-Elisabeth, morte le 18 mai 1684, à l'âge de 13 ans, fut inhumée dans l'église de Steyn, à côté de ses parents : Anno 1684, die 18 may, obiit in Christo, nobilis domicella Annae-Elisabethae de Kessel, quae fut soror supra nominati Joannis-Theodorici van Kessel, habens circiter 13 annos, omnibus ecclesiae sacramentis signata honestissime in ecclesiae de Steyne in sepulchro parentum sepulta est. Requiescat in pace ;

5° Marguerite, mariée, le 7 septembre 1697, à Jean-Gobert *de Streghen*, secrétaire de Steyn ;

6° Pétronille-Hélène, mariée, le 11 août 1695, à François *de Hals de Wirsch* ;

7° Isabelle.

XIV. Jean-Théodore de Kessel, seigneur de Terbruggen, né à Terbruggen, baptisé le 26 mai 1655, en l'église paroissiale de Steyn : Anno 1655, die 26 maii, baptisatus est Joannes - Theodorus filius legitimus domini Theodori de Kessel et Catherinae van Soons. Susceptores : Lambertus Kupers, secretarius Bornensis, et regina Douvenraet, loco et nomine Catherinae van den Arenbergh, Trajectensis. — Il fut capitaine-commandant le second bataillon du régiment, infanterie wallonne, du prince Spinola le 23 novembre 1703 ; lieutenant-colonel du régiment, infanterie wallone, duc de Holstein, le 26 janvier 1704 ; colonel d'un régiment d'infanterie wallonne, le 20 février 1709, puis brigadier des armées de S. M. C. Il prit possession de la terre et seigneurie de Terbruggen le 29 octobre 1721 :

« Comparu le seigneur brigadier Jean-Théodore de Kessel, fils aîné du seigneur Théodore de Kessel et de dame Catherine-Marie Soons, conjoints, lequel désaprouvant la possession requise le premier du courant indistinctement par le sieur Gaspard Oidtman de la noble maison nommée Bruggen, sans sa constitution pour autant qu'il regarde sa noble personne et à luy accordée *Jure Domini*, et *et cujus libet salvo*, at luy même et en personne comme fils aîné, requis d'être admis au besoin, au relief et dans l'actuelle et réelle possesion de la ditte maison de Bruggen, appendices et dépendances d'icelle, ensemble de sa portion filiale et de suite comission sur deux ou plusieurs eschevins et hommes de fiefs pour effectuer l'un et l'autre *in forma debita quo facto*, en a requis copie pour et le tout sous obligation de fournir aux droits. — *Decretum.* Les eschevins et hommes de fiefs, accordant la ditte réelle possession requise *salvo jure cujus libet*, députant à cet effet Gérard op den Camp, Renier de Gavarelle et George Lemmens, eschevins et hommes de fiefs, comme aussi Lambert Ghysen, Léonard Cleuskens et Christiaen van Mulckens, hommes de fiefs en faisant de ce rapport. Ensuite de la députation que dessus, Gérard op den Camp, Renier de Gavarelle et Georges Lemmens, eschevins et hommes de fiefs, item Lambert Ghysen, Léonard Cleuskens et Christiaen van Mulkens, hommes de fiefs relatent de s'être transportés joinctement le seigneur brigadier Jean-Théodore de Kessel, sur le château d'icy appelé Bruggen et ensuite le dit seigneur brigadier a été mis en la réelle et actuelle possession et luy mise en main la clef de la porte de devant ouverte de la dite maison Ter Bruggen, et dans la cuisine mis la main au cramat de la cheminée et fait monter de la fumée ; en outre, nous nous avons conjointement transportés sur une prairie étante fief appelée Bugh-Weid, scituée vis-à-vis la dite maison, encore sur une autre prairie étant probablement bien censal, contenante environ un journal, scituée icy près le Dalervalt, joindante d'un côté aux hrs Caënen, d'autre à Barbe Meuris, d'un côté vers l'orient à Lambert Ghisen et Léonard Goossens ; item encore sur une pièce de terre située près de la ditte campagne d'un côté à la chaussée, d'autre au fief des hrs Caënen, et avons donné ès mains du dit seigneur brigadier, gason et terre, en outre le mis en la réelle et actuelle possession de tous autres biens, tant féodaux que censaux, dépendant de cette salle féodale *salve jure cujus libet.* — Nous bailly et hommes de fiefs avons en la requette du susdit seigneur de Kessel, fait imprimer par notre secrétaire notre scel aux fiefs. »

Jean-Théodore de Kessel se fixa au pays de Namur, où pour jouir des exemptions compétantes à l'ancienne noblesse de cette province, il justifia son extraction, l'ancienneté et la noblesse de sa famille, et produisit les attestations suivantes :

« NOUS TENANT D'OFFICE OU STATOUDER ET ESCHEVINS DE LA
» LIBRE SEIGNEURIE IMPÉRIALE DE STEYN-SUR-MEUSE, à tous ceux
» qu'icelle notre déclaration parviendra, savoir faisons et attes-
» tons par cette pour la pure et sincère vérité, et cela à l'instance
» et réquisition du bien noble seigneur Théodore de Kessel,
» comme quoi le feu noble seigneur de Kessel, son père, feu
« noble Théodore de Kessel, son bisayeul, ont ici dans notre
» jurisdiction comme fils aînés *jure præcipui*, comme cela est
» de coutume dans les familles, selon nos droits statuaires, res-
» pectivement demeuré et jusqu'à présent occupé ou inhabité le
» noble fief d'Ecquier, nommé Bruggen, étant une maison gi-
» sante dans icelle juridiction, environnée de ses fossés avec un
» pont levis, ayant aussi jouit de tous les privilèges et préroga-
» tives convenables aux personnes de leur naissance, leurs
» cadavres aiant respectivement été enterrés dans notre église
» paroissiale avec leur blason, lequel blason ou armoiries se
» trouvent tailléz sur la pierre de leur tombeau, formée de cinq
» carreaux rouges en croix dans un champ d'argent, conformes
» aux armes ou blason pendantes dans notre dite église et repré-
» sentées dans le dit château de Terbruggen tant sur les vitres
» dépeints que taillés sur les pilliers; declarons aussi à l'in-
» stance et en foy que dessus, que dans notre église paroissiale
» ne se trouvent aucuns anciens registres baptismales, matri-
» moniels, comme du temps passé signamment du temps de la
» guerre de religion, asportés et offusqués par le seigneur de ce
» lieu ou les siens qui étaient de la religion réformée. En foy de

» vérité nous avons fait munir de notre scel scabinal icelle décla-
» ration, et en l'absence de notre secrétaire la fait signer par un
» de nos co-échevins à l'assemblée tenue dans notre dite sei-
» gneurie, à la maison ordinaire de justice, ce jourd'hui le
» sixième d'aoust mil sept cent vingt deux. »

« Nous Jean-Philippe-Eugène, comte de Mérode et du Saint-
» Empire, marquis de Westerloo, comte de Montfort, d'Œlen,
» de Thiant et de Batenbourg, libre baron impérial de Petersheim
» et de Steyn, seigneur des terres immédiates impériales de
» Seck, etc., etc. — Déclarons et certifions par cette que le château
» et maison noble de Terbruggen, scituez dans notre libre et
» ancienne baronnie impériale de Steyn, a été de tous temps
» jusqu'icy tenue et possédée en fief noble, et l'investiture
» donnée en fief noble par nous et nos ancêtres devanciers, sei-
» gneurs et possesseurs de la dite noble terre immédiate et
» souveraine de l'empire, non seulement au seigneur Jean-Théo-
» dore de Kessel, brigadier, le tenant directement et par succes-
» sion de ses ayeuls qui ont toujours joui des droits et préroga-
» tives dont jouissent les nobles, non seulement dans les quatre
» générations que de père en fils lesdits seigneurs de Kessel en ont
» jouis en ligne directe jusqu'à présent, mais que les autres pos-
» sesseurs l'ont aussi possédé comme fief noble. En foy de quoy
» nous avons signé cette et y fait apposer le cachet de nos armes,
» à notre château de Westerloo, ce premier décembre 1723. —
» Signé. *Le marquis de Westerloo.* »

« Maximilien-Nicolas, comte d'Arberg, de Peer, de Valengin
» et du St-Empire, libre baron de la terre impériale d'Els-
» loo, etc., etc. Déclarons, certifions et attestons par cette, que
» ayant vuz et examiné certaine déclaration judiciele des lieute-
» nants et hommes des fiefs de la libre baronie impériale de
» Steyn, en date du 6 août 1722, relaxée en faveur du seigneur
» Théodore de Kessel, brigadier, etc., l'avons trouvé conforme
» en tous points à la pure vérité, telle qu'elle se trouve exprimée
» dans les registres des fiefs de nre dite baronnie impériale,
» déclarons en outre que les prédécesseurs du dit seigr de Kessel,
» ont toujours été reconnus pour nobles et tenus des fiefs de

» cette nature, tant audt Steyn qu'ailleurs, où ils en ont reccuz
» l'investiture en fiefs nobles de père en fils et jouit des droits
» et prérogatives dont jouissent les nobles. En foy de quoi nous
» avons signés cette, fait munir du cachet de nos armes et contre-
» signer par un de nos secrétaires en nre maison seignale d'Els-
» loo, le seizième juin mil sept cent vingt-quatre. — Signé : *Le*
» *comte d'Arberg et de Peer.* »

   » *Nous Bailly*, *eschevins et hommes de fiefs de la libre terre et*
» *baronnie d'Elsloo-sur-Meuse*, distante d'un quart d'heure de la
» libre baronnie de Steyn, attestons en vigueur de cette, et c'est à
» la requisition de très-noble seigneur Théodore de Kessel, briga-
» dier, etc., que la déclaration judicièle que dessus du 6 août 1722,
» par les bailly et eschevins de la susdite baronie de Steyn, est
» conforme à la sincère vérité, étant recouvrables dans nos
» registres féodaux et à nous comme les plus proches voisins
» très-bien connu, en témoin de vérité, nous avons cette notre
» déclaration judicielle muni de notre scel scabinal, et des
» hommes de fief, et l'accordé ce jourd'huy le 2 mai 1724. »

Jean-Théodore de Kessel de Terbruggen, fit plusieurs dons à l'église de Steyn :

   « Anno 1711 Praenobilis Dnūs Baro van Kessel, capitaneus sub.
» legione S. E. Marchionis de Westerloo dono dedit ecclesiæ
» nostræ de Steyn casulam albam cum rubra cruce, velum, bur-
» sam cum palla omnia ex serico damasceno quibus prima vice
» indictus fui in festo nativitatis B. V. M. eodem anno deus ipsi
» aeternaliter renumeretur. Ita testor hac 8 7bris anno ut supra.
» — sig. Henricus van der Meeren, pastor. »

Il testa le 30 mai 1732 :

   « Le soubsigné Jean Théodore de Kessel, cy-devant colonel
» d'un ancien régiment wallon, et brigadier des armées de Sa Ma-
» jesté Catholique, etc., etc., ne voulant mourir intestat, déclare
» qu'il a disposé comme il fait par le présent escrit son testament
» et ordonnance de volonté dernière, dans la forme et manière
» suivante, voulant qu'il sorte son entier effet, soit par voye de tes-
» tament, de codicil, de donation d'entre vifs ou à cause de mort,
» encore que toutes les formalités requises de droit et de coutume

» ne soient observées. — Primo, recommandant son âme à
» son seigneur Dieu, son créateur et à la sainte vierge Marie, à
» St-Jean et Théodore ses bons patrons et à son ange gardien,
» quand il plaira à sa majesté divine de l'appeler de ce monde,
» il laisse la sépulture de son corps aussi bien que ses funérailles
» à faire dans toute honnêteté chrétienne à charge de Charles-
» Théodore-Antoine de Kessel, son fils, qui devra les exécuter
» de la manière qu'il le trouvera marqué dans un mémoire
» escrit dans son registre. — Il laisse à son dit fils tout son
» argent comptant, crédits et actions, autant bien que tous
» les effets appartenant à son corps de quelle nature ils soient,
» qui sera obligé de payer ses debtes, s'il y en a, et à l'épouse de
» son dit fils, il lui laisse trois petites gondolles d'argent. Il laisse
» à Anne-Marie-Eléonore de Kessel, sa petite fille, deux grandes
» boettes d'argent, brosse garnie d'argent, une bague à sept
» diamants, de la valeur d'environ de nonante escus. — Et quant
» au surplus de son argenterie, telle qu'elle est, il veut qu'elle
» suive et appartient entièrement à Théodore-Willem de Kessel
» son petit fils, avec les épées, fusils et pistolets, si lui laisse
» les huisinnes d'Elzée-lez-Upigny, à condition très-expresse
» qu'elles seront et tiendront matière du fond et aussi son por-
» trait. Il lui laisse aussi l'hôtel érigé en la maison du dit Elzée
» et tout ce qui en dépend. — Et quant au surplus de ses meu-
» bles de quelle nature ils soient, il entend qu'ils suiveront et
» appartiendront à son petit fils et fille par égale moitié et qu'il
» en soit tenu inventaire, aussitôt après son décès, par un notaire
» avec son dit fils qu'il charge très-expressement de veiller à
» ce que rien n'en soit distrait, et devront ses petits fils et filles,
» se contenter de ce qu'il leur renseignera, sans pour ce inquié-
» ter en rien leurs père, étant au surplus conditionné que ses
» petits fils et filles ne pourront rien prétendre à tout ce qui est
» dessus iégatté avant d'avoir atteint l'âge de vingt cinq ans, ne
» fut que leur père ne trouverait convenir de leur laisser suivre
» plus tot. — Le dit soussigné se retient néanmoins le pouvoir de
» changer, augmenter ou diminuer le présent, son testament.
» Fait à Namur, le 30 may 1732. Signé J. T. de Kessel, brigadier. »

Jean-Théodore de Kessel fut enterré, dans l'église
paroissiale de Steyn, sous une pierre sépulchrale ornée
de ses huit quartiers. Il avait épousé Éléonore *de
Doyen*, fille dé Pierre, seigneur de Cortil-Wodon et
Deuchem, et de Marguerite-Appoline *Danielis* ; petite
fille de N. *de Doyen*, seigneur de Cortil-Wodon,
mayeur de la haute cour de Notre-Dame de Floreffe,
et de Marie *de Pinchart* (écartelé : au 1 et 4, d'or à
trois maillets de sable penchés vers la dextre de l'écu ; au
2 et 3, d'azur à deux pattes d'aigle d'or posées en sautoir), fille de Jean *de Pinchart*, seigneur de Deuchem,
mayeur de la haute cour de Corbais, et de Catherine
de Bernard (de sable à la croix potencée d'or, accompagnée de quatre croisettes de même), issue de l'ancienne famille *de Bernard de Fauconval*, dont était
Jacmont Bernard, vaillant capitaine qui se distingua à
la terre sainte en 1375, et où il fut armé chevalier.

Jean-Théodore de Kessel fut père de Charles-Théodore-Antoine, qui suit :

XV. Charles-Théodore-Antoine de Kessel de Terbruggen, seigneur de Cortil-Wodon, né à Namur le
6 avril 1688, lieutenant de la compagnie colonelle du
régiment d'infanterie wallone de Jean-Théodore de
Kessel, son père, le 27 février 1709 ; capitaine à ce
même régiment le 20 septembre de la même année ;
quitta le service à la paix de 1713 ; gentil-homme de
l'État noble de Namur, par réception du 4 février 1725 :

« A Son Excellence Monseigneur le comte de Lannoy, etc., Gou-
verneur et capitaine général de la ville et province de Namur, etc.,
Remontre très-humblement le sr Théodore-Charles-Antoine de
Kessel, que comme il est d'ancienne maison noble au duché de
Gueldres, et qu'il possède en cette province bons biens réels plus

que suffisants à l'honest entretien de sa qualité, il désire d'estre reçu dans l'Estat Noble, auquel effet il prend recours à Votre Excellence, la suppliant trés-humblement estre servie de lui en accorder la réception, etc., etc. « Vu l'avis des Députés de l'Etat Noble de cette province, etc, Nous ordonnons, au nom de Sa Majesté Impériale et Catholique, de recevoir et admettre le suppliant dans les assemblées des États de cette de province, et lui faire dépêcher lettres convocatoires à cet effet comme à tout autre y admis. Donné à Namur le 4e février de l'an 1725. Signé : Le comte de Lannoy de Clervaux. »

« Nous DÉPUTÉS de l'État noble du pays et comté de Namur, à tous ceux qui ces présentes verront ou lire, ouïront, salut : savoir faisons que le seigneur Charles-Théodore-Antoine de Kessel, en son vivant, Echevin Noble de cette ville, a été admis à l'État noble de cette province par décret du 4 février 1725, et que pour cette admission il a dû vérifier suivant l'article premier du réglement du 6 novembre 1679, qu'il était noble en troisième génération. En foi de quoi nous avons ordonné à notre conseiller pensionnaire et greffier, de signer cette, et d'y apposer le cachet ordinaire du dit État. A Namur le 4 décembre 1784. Signé, Petit-Jean. »

Galliot dans son *Histoire du comté de Namur*, t. 3, page 324, donne quelques détails sur l'État noble de Namur, nous les reproduisons ici :

« Tous les nobles du pays ne sont point admis dans le corps de la noblesse, qui sont le second ordre des États ; il faut l'être de six générations de noblesse paternelle y compris le premier anobli de celui qui demande l'admission, posséder une seigneurie avec haute justice, et des fonds de terre pour occuper au moins quatre charrues ; il faut encore que les membres de l'État noble fassent conster qu'ils ne sont point natifs de certaines provinces où l'on exclut de l'État de la noblesse les gentilshommes qui sont originaires du comté de Namur, comme aussi qu'ils ne sont point dans le service d'un prince étranger, et qu'ils sont nés sujets du souverain des Pays-Bas, ou du moins, en cas qu'ils soient nés étrangers, il faut qu'ils fassent conster d'une dispense du gouvernement. »

Charles-Théodore-Antoine de Kessel fut premier
échevin noble à vie de la ville de Namur, lieutenant
du gouverneur capitaine-général, souverain bailli et
grand veneur du pays de Namur, par lettres patentes
du 13 juin 1729 :

« *Adrien-Gérard, comte de Lannoy*, baron de Clervaux
Bolland, Bocholtz, seigneur du haut-ban de Trembleur, Julé-
mont, etc. Justicier des nobles du duché de Luxembourg et
comté de Chiny, général-lieutenant et maréchal de camp des
armées de Sa Majesté Impériale et Catholique, gouverneur capitaine général des pays et comté de Namur, administrateur général des villes et château du dit Namur, souverain baillif, grand
veneur et baillif des bois illecque, etc., etc. — Sa majesté Impériale et Catholique nous ayant commis, établi aux États de gouverneur et capitaine général du pays et comté de Namur, et
d'administrateur des ville et chateau du dit Namur, ensemble
de souverain bailly, de grand veneur et baillif des bois au dit pays,
et nous donné en même temps plein pouvoir et autorité de faire
exercer les dits états et officies par commis à iceux idoines et
suffisants, nous pour le bon rapport que fait nous a été de la
personne de Théodore-Charles-Antoine de Kessel, cy-devant
capitaine et actuellement premier Échevin noble du magistrat de
cette ville, de ses sens, vertus, valeur et bonne conduite, avons
icelui choisis, retenu, ordonné et établi, choisissons, retenons,
ordonnons et établissons par cette en notre absence exercer et
desservir les d^{ts} états et offices, et généralement faire bien et
duement tout ce que bon et léal lieutenant du gouverneur capitaine-général souverain Baillif et grand veneur du d^t pays peut
et doit faire, et qu'aux dits offices compette et appartient, selon
et en la forme et manière que nous le pourrions et devrions faire
y étant en personne, à quoi nous l'authorisons par les présentes
à ses périls, hazards et fortunes, et à notre entière indemnité, à
charge de prêter le serment dû et pertinent en nos mains, ordonnant et commandant partant à tous ceux qui ce regardera, qu'ils
ayent à tenir et reconnaître le d^t *Théodore-Charles-Antoine de
Kessel*, pour notre d^t lieutenant, et comme tel le laisser paisible-

ment jouir des honneurs, droits, profits, émoluments, franchises et libertés y appartenant et accoutumez sans lui faire ou
donner aucun trouble ou empeschement au contraire ; en foy de
quoy, nous avons signé cette, et y fait apposer le cachet de nos
armes. A Namur, le treizieme de juin de l'an dix sept cents et
vingt neuf. Signé : Le comte de Lannoy de Clervaux ; et était
apposé le cachet susdit imprimé en hostie rouge couvert de
papier blanc. — Copie du serment : Le serment dont le dit
Théodore-Charles-Antoine de Kessel est chargé, a été prêté le
dit jour ès mains de sa d^to Ex^co. Tem. Signé : Fontaine. Visa
fait au souverain Baillage des pays et comté de Namur, le
16 août 1729. Signé : G. du Bois. »

Charles-Théodore de Kessel épousa : 1° Par contrat du 22 août 1708, Marie-Anne-Éléonore *de Marbais*, sa cousine germaine, issue de l'ancienne et illustre
maison des comtes de Marbais, au comté de Namur, qui
selon une charte de l'an 970, rapportée par le célèbre
Grammaye, se glorifie de descendre d'un Adon (*ex adone
comite de Marbes*) comte de Marbais, issu des anciens
princes de Lorraine ou d'Austrasie. — Le Carpentier
dans son *Histoire de Cambrai et du Cambraisis*, tome
II, p. 800, rapporte qu'un Eustache de Marbais, fut
frappé d'une telle ambition pour être sorti d'un sang
si illustre, qu'il refusa de faire hommage de sa terre au
prince de Brabant qui, en vengeance de ce refus, fit rava-
ger toutes ses terres, et l'obligea, après de rudes chocs,
de le reconnaître pour son seigneur.

Voici un extrait de leur contrat de mariage :

« Le 22 août 1708, par devant le no^ro soubsigné et tesmoins
embas nommez, comparute dame Marie-Françoise *Doyen*,
relicte de feu noble homme Gérard *de Marbais*, la quelle pour
seconder le mariage que de Marie-Anne-Éléonore *de Marbais*,
sa fille et enfant unique, qu'elle a retenu du dit feu, at contracté
avec noble homme Théodore-Antoine Charles *de Kessel*, nous

a déclaré d'avoir de sa pure, franche et libre volonté, sans contrainte aucune, renoncé en faveur de la dite d^le sa fille a tout tel usufruit qu'elle at aux cens, labeur appendue et dépendance, aux cens rentes y annexées dues par aucuns particuliers ensemble au bois appelez Delbaive, le tout situé à Upipny, la d^e cense appelée Elzée, et ce pour par la d^e da^e de Kessel cy pûte ce acceptante avec son marit en jouir au commencement de l'an que l'on compterat 1709, etc., etc.

Marie-Anne-Éléonore de Marbais était fille unique et seule héritière de Gérard de Marbais et de Marie-Françoise *de Doyen*, fille de Pierre *de Doyen*, seigneur de Cortil-Wodon et Leunis-Deukem, et de Marie-Appoline *Danielis*; petite fille d'Antoine *de Marbais* (d'argent à la fasce de gueules accompagnée en chef de trois merlettes de même), chevalier, seigneur de la Haye, grand mayeur de Namur, et de Marguerite d'*Yves* (de vair à trois pals de gueules), cette dernière était fille de François d'*Yves*, seigneur de Taviers et Soye, et d'Anne *de Lonchin*, sa cousine, fille de François de *Lonchin*, seigneur de Flemalle, Taviers Soye et Gentinnes, gouverneur du pays de Stavelot et bourgmestre de Liége en 1581, et de Marguerite *de Carondelet*. Elle testa le 3 août 1721 :

« Ce jourd'huy 3 d'août 1721, par devant moy notaire royal, et tesmoins soubsignés fust en personne dame Marie-Anne-Éléonore *de Marbais*, épouse au Sr Théodore-Antoine-Charles *de Kessel*, écuyer seigneur de Cortil, laquelle étante au lict malade ; neantmoins usante encore de ses pleins sens, mémoire et entendement, et ne voulante mourir ab intestate, mais voulant disposer des biens que le seig^r Dieu luy a concédé en ce monde, nous a déclaré d'en avoir disposé comme elle fait par le présent son testament et ordonnance de volonté dernière dans la forme et manière suivante. Et quant aux dits biens réels qui sont en sa disposition elle en dénome et institue pour ses hers universels et absoluts les personnes de Théodore-Wilhem et d'Anne-Marie-Éléonore *de Kessel*, ses fils et fille, sauf l'usufruit en compétant au d¹ sr son marit selon les coutumes de cette province, le quel son dit-marit elle dénonce aussy et institue pour son héritier au regard des biens nobiliaires, sauf aux dits ses deux enfants leurs légitimes en iceux conformément aux dits coutume ; bien entendu cependant que comme plusieurs des dits biens réels sont féodaux aussy bien que ceux de son dit marit, sa volonté absolue est que la dite Anne-Marie-Éléonore de *Kessel*, sa fille, ayt pour elle seule et par préciput, la cense qu'elle possède à Marbais, en cette dite province, avec tout ce qui en dépend aux charges sus affectées, etc. »

Charles-Théodore-Antoine de Kessel, épousa en secondes noces, Marie-Constance *de Kessel*, sa parente. Il eut du premier lit :

1º Théodore-Guillaume, qui suit :

2º Marie-Anne-Eléonore.

XVI. Théodore-Guillaume de Kessel, chevalier, seigneur de Cortil-Wodon et Limoy, né à Namur et baptisé en l'église de Sᵗ-Michel le 5 février 1720, gentilhomme de l'État noble de Namur, obtint l'exemption de taille et de campagnes compétantes à l'ancienne noblesse, par décrets des 17 février et 2 mai 1755 ; il épousa, par contrat du 4 juin 1745, Marie-Angélique *de Galliot* (d'azur semé de fleurs de lis d'or, au lion du même, armé et lampassé de gueules, brochant sur le tout), née à Namur, le 3 août 1721, et baptisée le même jour en l'église de Sᵗ-Jean l'Évangéliste, fille de Pierre-Jacques, capitaine d'une compagnie bourgeoise à Namur, et de Barbe *d'Hinslin* (de sable au chevron d'or, au chef d'argent chargé de deux branches de laurier au naturel, posées en sautoir et chargées sur leur point de jonction d'une couronne d'or), née le 28 novembre 1687, fille de Louis *d'Hinslin* et de Marie-Dieudonnée *Servaty* (écartelé : au 1 et 4, de gueules à deux fasces d'argent, *qui est Servaty*; au 2 et 3, d'azur à la bande échiquetée d'argent et de gueules de deux tires, au chef d'or à l'aigle naissante de sable languée de gueules *qui est Lampugnani*), issue de l'ancienne famille de Servati, originaire de Gênes et alliée à la noble et illustre maison *de Lampugnani*, une des huit patrices et nobles de la cité de Milan. Nous lisons dans Galliot, *Histoire générale ecclésiastique et civile de la ville et province de Namur*, tome III, p. 354 :

« Limoy, Hameau dépendant de la paroisse de Moset, est situé à deux lieues environ de Namur, vers le Condros. Cette seigneurie a été aliénée passé quelques années par Sa Majesté en faveur de Willem-Théodore *de Kessel*, écuyer. Elle est possédée aujourd'hui usufructuairement par dame Angélique Galliot veuve dudit Théodore, laquelle en a fait le relief en 1761. »

Leurs enfants furent :

1° Théodore-François-Joseph, baron de Kessel, né à Namur et baptisé à St-Jean l'Évangéliste en la cathédrale de Namur, le 31 janvier 1747 : Die ultima januarii 1747 natus est et baptizatus Theodorus-Franciscus-Josephus filius praenobilis Dñi Theodori-Guilielmi de Kessel et praenobilis Dñae Mariae-Angelicae-Joseph Galliot conjugum suscipientibus Francisco Adriano Galliot pro et nomine praenobilis Dñi Antonii-Theodori de Kessel scabini civitatis Namurcencis et Barbara d'Hinslin matre sponcae sequebatuo. — Enseigne dans les gardes wallones le 11 avril 1764, sous-lieutenant le 25 juin 1768, il prit part à la descente d'Alger, devint lieutenant le 18 avril 1785, assista au siége de Gibraltar, fut nommé aux grenadiers le 29 septembre 1786 ; capitaine le 10 avril 1788, obtint le grade de brigadier des armées de Sa Majesté Catholique ; fit avec distinction les campagnes contre la République française et se signala le 1er juillet 1793 par la victoire qu'il remporta à Millas où il commandait les Espagnols, le deuxième bataillon et les grenadiers des gardes wallones. (Guillaume. — *Histoire des gardes wallones*, p. 200 et 354. Journal de M. *de Preussenaere de la Woestyne. Mss.* — Marcillac-Fervel. *Campagne de la révolution française dans les Pyrénées orientales*, 1793, 1794, 1795.) — Nous lisons encore dans *l'art de vérifier les dates par le chevalier de Courcelles*, t. I, p. 358, deuxième colonne, que dans la bataille livrée le 13 août 1794 entre les troupes de la République française et les Espagnols, ces derniers perdirent plus de quinze cents hommes, y compris le maréchal de camp, baron de Kessel, qui fut blessé et fait prisonnier. — Théodore-François-Joseph, baron de Kessel, mourut à St-Roch, Espagne, en 1798. — Son épouse Marie-Antoinette *de Pujol et de Montagut* ne lui donna pas d'enfants ; c'est à lui que fut délivrée l'attestation suivante, dont la minute se trouve aux archives de l'ancienne chambre héraldique déposées aujourd'hui au ministère des affaires étrangères à Bruxelles :

« Nous les Mayeurs et Echevins de la ville de Namur, CERTIFIONS et RECORDONS en faveur de vérité et à la réquisition de noble homme Théodore-François-Joseph *de Kessel*, lieutenant aux gardes wallonnes au service de Sa Majesté Catholique que celui-ci et les nobles familles *de Kessel, de Marbais* ainsi que la famille *de*

Doiens se trouve alliée aux nobles familles des *de Marbais* et des *d'Aix* dont il descend par son père et les familles *de Galliot, de Druance, d'Hinslin* et *de Servaty*, dont il est issu par les mères, ont constamment vécu en cette ville et province dans la religion catholique apostolique et romaine, qu'ils ont professée publiquement sans jamais y avoir dérogé en manière quelconque. — Nous RECORDONS et CERTIFIONS encore que noble homme Théodore-Charles-Antoine *de Kessel*, ayeul du requérant a possédé longues années, et jusqu'à sa mort l'emploi de premier échevin noble de cette magistrature et que le même emploi d'échevin noble a également été possédé aussi pendant longues années et jusqu'à sa mort par Jean-Baptiste *d'Hinslin* dans la même magistrature. — Nous *recordons* finalement que toutes les familles ici énoncées ont toujours vécu en cette ville et province d'une façon noble et distinguée et irréprochable. »

2° Louis-Joseph-Guillaume, baron de Kessel, né à Namur le 17 mars 1753, officier au régiment des chevaux-légers de Kinsky, épousa C. M. A. *de Voorst*, fille du baron de Voorst, dont il n'eut pas d'enfants ;

3° Charles-Théodore-Louis, qui suit :

4° Louis-Marie de Kessel de Limoy, marié à Bernardine-Josephe *Pirlot*, dont :

    a. Théodore-Louis-Joseph, garde général des eaux et forêts, marié à Marie-Cécile *Remacle* ; ils moururent tous deux de l'épidémie régnante à Anvers en 1849 ; — dont :

    aa. Marie-Reine-Josèphe, née à Lomprez (Luxembourg), le 8 mai 1817. — *bb.* Rosalie. — *cc.* Léopold. — *dd.* Alphonse. — *ee.* Victor. — *ff.* François. — *gg.* Jules, mort sans alliance en septembre 1863.

    b. Henri-Joseph, né à Namur en 1800, mort à

Liége en 1859, épousa Antoinette *Lissoir*, née à Gesves (Namur) en 1800, dont :

aa. Pierre - Joseph-Henri, né à Namur le
9 juin 1827 ;

bb. Marie-Barbe-Pauline-Antoinette, née à
Andennes, le 6 décembre 1830 ;

cc. Philomène-Marie-Élisabeth, née à Liége
le 3 décembre 1838 ;

dd. Rosalie-Julie-Philomène, née à Liége le
27 février 1844.

5° Une fille mariée à M. *de Nihoul.*

XVII. Charles-Théodore-Louis, baron de Kessel, né à Namur le 3 septembre 1755, épousa le 27 avril 1793, Marie-Thérèse-Josèphe *Chevalier* (d'or à trois pots ou marmites de sable, doublés du premier), fille de Nicolas, notaire à Namur, et de Marie-Thérèse *Romedenne*, décédée à Dave-lez-Namur le 31 juillet 1826, à l'âge de 60 ans. — Il mourut à l'Église (Luxembourg), le 19 mars 1840, et fut inhumé sous une pierre tombale portant l'inscription suivante :

Ici repose messire Charles-Théodore-Louis de Kessel, décédé le 19 mars 1840. — Administré. — Il fut bon ami, bon époux, bon père et avant tout religieux. — R. I. P.

Leurs enfants furent :

1° Joseph - Théodore - Hippolyte, né à Namur le
18 mai 1795, reconnu dans la noblesse officielle du
royaume de Belgique, par lettres patentes de
S. M. Léopold Ier, en date du 27 mai 1843 ; professeur et régent au collège philosophique de
Louvain, mort en célibat, au château de Flamisoul (Luxembourg), le 25 avril 1863 :

2° Charles-François-Nicolas-Joseph, qui suit ;

3° Henri-Emmanuel-Nicolas-Joseph, né à Wépion le 30 novembre 1808, reconnu dans la noblesse officielle du royaume de Belgique, par patentes du 27 mai 1843, docteur en médecine, président du cinquième district agricole du Luxembourg et juge suppléant à la justice de paix du canton de Nassogne, marié à Célestine *Wismuler*, dont deux fils, savoir :

    a. Joseph ; — *b.* Nestor, marié en 1867, à Rosalie-Ida *de Kessel*, sa cousine germaine, décédée à Chenogne, le 19 mai 1869, à l'âge de 27 ans, fille de Théodore Joseph-Hippolyte, et de Rose *Wismuler*.

4° Théodore-Joseph-Hippolyte, né à Wépion le 22 janvier 1812, reconnu dans la noblesse officielle de Belgique, par patentes du 26 mai 1843, bourgmestre de Sibret et membre du conseil provincial du Luxembourg, épousa Rose *Wismuler*, décédée à Chenogne (Luxembourg), le 15 janvier 1862, dont il eut :

    a. Rosalie-Ida, mariée en 1867, à Nestor de Kessel, son cousin germain ci-dessus, décédée à Chenogne, le 19 mai 1869, dont un fils, mort à Nassogne, en bas âge ;

    b. Marguerite-Célestine, mariée à Gustave-Adolphe *du Bois*, notaire à Bastogne.

XVIII. Charles-François-Nicolas-Joseph, baron de Kessel, né à Namur le 21 germinal an XI (10 avril 1803), décoré de la croix de fer, ancien officier dans l'armée belge, bourgmestre et major commandant la garde civique de Wellin, reconnu dans la noblesse officielle du royaume de Belgique par lettres patentes du 20 novembre 1841, dont voici un extrait :

Nous LÉOPOLD, roi des Belges, à tous présents et à venir, Salut.

Le sieur *Charles-François-Nicolas-Joseph de Kessel*, décoré de la croix de fer, ancien sous-lieutenant au 6ᵉ régiment d'infanterie de ligne, propriétaire, domicilié à Wellin, province de Luxembourg, fils de Charles-Théodore-Louis et de Marie-Thérèse-Josèphe Chevalier, petit-fils de Guillaume-Théodore et de Marie-Angélique Galliot, Nous ayant par sa requête du douze du mois de mars mil huit cent trente six, fait exposer que ses ancêtres ont toujours joui des droits et des prérogatives de la noblesse; que son bisayeul a possédé pendant longues années, jusqu'à son décès, l'emploi de premier échevin noble de la ville de Namur ; que son oncle et son trisayeul se sont élevés au grade de brigadier dans les armées de Sa Majesté Catholique, que d'autres membres de sa famille ont été admis dans les ordres de Saint-Jacques et de Calatrava, et remontant de génération en génération jusqu'à un *chevalier de Kessel*, tué sur le champ de bataille de Woeringen, Nous a fait supplier de lui accorder la reconnaissance des titres et de la noblesse de sa famille. — Nous, sur le rapport de notre Ministre des Affaires Étrangères, avons par notre arrêté du vingt cinq du mois de septembre mil huit cent quarante-un, accueilli favorablement sa demande, et désirant profiter de la grâce que nous lui avons faite, ledit sieur *Charles-François-Nicolas-Joseph de Kessel* s'est retiré par devant notre Ministre des Affaires Étrangères, spécialement à ce par nous commis, afin d'obtenir nos lettres patentes nécessaires.

A ces causes, considérant que de tous temps, les concessions et les reconnaissances de noblesse ont été utilement employées, non seulement à récompenser les belles actions et les services rendus à l'État mais encore à en perpétuer le souvenir dans les familles, *si est-il* qu'il nous a plu *reconnaître* et par les présentes signées de notre main, nous *reconnaissons* de notre propre volonté, autorité royale et constitutionnelle, ledit sieur *Charles-*

François-Nicolas-Joseph de Kessel comme appartenant à la noblesse du royaume, avec les prédicats de *messire* et *écuyer*. Voulons qu'il puisse jouir de toutes les prérogatives que la constitution et les lois du royaume attachent ou pourront attacher par la suite à la noblesse, qu'il soit inscrit en ladite qualité aux registres ouverts à cet effet par notre Ministre des Affaires Étrangères, et qu'il y fasse dessiner ses armoiries.

Permettons audit sieur *Charles-François-Nicolas-Joseph de Kessel* de prendre le titre d'écuyer en tous lieux et en tous actes, et de porter les armoiries de sa famille, telles qu'elles sont ci-après décrites et telles qu'elles sont figurées aux présentes, savoir : d'argent à cinq lozanges de gueules mises en croix, l'écu sommé d'un heaume d'argent, fourré d'azur, grillé et lizéré d'or, au bourrelet d'argent et de gueules, aux lambrequins de même ; cimier, un corbeau de sable becqué et patté d'or.

Nous requérons les Empereurs, les Rois, les Ducs, les Princes, les Comtes, Seigneurs et Souverains, quels puissent être, ainsi que tous ceux à qui il appartiendra ultérieurement, de reconnaître comme noble le susdit Messire *Charles-François-Nicolas-Joseph de Kessel*, écuyer, et ses descendants mâles et femelles, nés et à naître de légitime mariage et de les laisser jouir librement de l'effet de nos présentes et des prérogatives y attachées.

Mandons et ordonnons aux cours et tribunaux, aux autorités provinciales et communales, à tous autres officiers, autorités et fonctionnaires tels qu'ils puissent être non-seulement de reconnaître le susdit Messire *Charles-François-Nicolas-Joseph de Kessel*, écuyer, et ses descendants légitimes dans tout ce qui précède, mais de les maintenir et protéger au besoin.

Et afin que ce soit chose ferme et stable à toujours, nous avons ordonné que les présentes lettres patentes soient revêtues du sceau de l'État.

Donné en notre palais de Bruxelles, sous notre seing royal et le contre-seing de notre Ministre des Affaires Étrangères, le vingtième jour du mois de novembre de l'an de grâce mil huit cent quarante-un.

(Signé) LÉOPOLD.

Charles-François-Nicolas-Joseph de Kessel épousa :
1º par contrat du 22 février 1834, Hannah *Stolterfoth*,
native d'Anglerre, fille de N. Stolterforth, et de Marie-
Thérèse *de Golles*, décédée à Wellin le 12 janvier
1836, elle fut inhumée sous une pierre tombale portant l'inscription suivante :

*Sous ce froid monument — sont déposés les restes — mortels de
feu madame — la baronne Charles de Kessel — née dame Hanna
Stolterforth — décédée en son château de Wellin — le 13 janvier 1836. Agée de 28 ans.*

2º le 19 octobre 1842, Fanny-Marie-Agrippine-Françoise
Eichhorn, née en juin 1821, fille de Théodore *Eichhorn* (1) (de gueules au rencontre de bœuf d'argent accorné d'or. Cimier : un écureuil issant au naturel man-
geant une noix), juge suppléant à la justice de paix du canton de Wellin, ancien bourgmestre et notaire royal de
Grevenmaecher (grand duché de Luxembourg), décédé
à Wellin le 13 octobre 1864 et inhumé à Luxembourg,
et d'Ève-Joséphine *Molitor*, fille de Jean-Nicolas
Molitor de Luxembourg, et de Marie-Françoise *Winckel*. Ève-Joséphine *Molitor* était sœur du savant
juriste Jean-Philippe Molitor, professeur de droit à
l'université de Gand, mort le 24 juillet 1849.

Du 1er lit vint :

1º Anna-Lydia-Marie-Charlotte, née le 1er janvier 1836 ;
Du 2e lit :

2º Charles-Théodore-Joseph, né à Wellin le 25 septembre 1843, sous-lieutenant d'artillerie le 12 décembre 1864, puis lieutenant au 1er régiment d'artillerie le 19 avril 1868 ;

(1) Edemburgische adelichegeschleter t. p. 55.

3° Pierre-Napoléon-Célestin-Charles-Auguste, membre collaborateur de la Revue internationale d'histoire et d'archéologie héraldique : *Le Héraut d'armes*; membre correspondant de l'*Annuaire de la noblesse et des familles patriciennes des Pays-Bas*; de la Société paléontologique et archéologique de Charleroi ; etc; auteur de l'*Histoire généalogique des anciens seigneurs de Trazegnies*; de l'*Histoire des comtes de Montaigu, au duché de Luxembourg*; de l'*Armorial Luxembourgeois*; du *Livre d'or de la noblesse Luxembourgeoise*; etc; né à Wellin le 6 novembre 1844, fut tenu sur les fonts baptismaux par Son Altesse Impériale le prince Pierre-Napoléon Bonaparte, neveu de feu Sa Majesté Impériale Napoléon Ier, empereur des français, et par sa tante paternelle Célestine Wismuler ;

4° Laure-Caroline-Madeleine, née à Wellin le 15 décembre 1846 ;

5° Irma-Joséphine-Napoléone-Élisa, née à Wellin le 25 décembre 1848 ;

6° Joséphine-Célestine-Louise, née à Wellin le 10 avril 1852.

BRANCHE D'ESPAGNE

V(*bis*). Gilbert de Kessel, chevalier, second fils de Jacques, et d'Agnès *van Erpe*, épousa Jacqueline *van Gerwen*, dont :

1° Evrard, chevalier, marié à Béatrix *van Beveren* (de

gueules à la fasce d'argent chargée d'un trembleur de sable), ils vivaient ensemble en 1484 et eurent un fils :

Thilman de Kessel, que l'on croit être l'auteur de la branche établie au pays de Gueldre et de Juliers ;

2° Wauthier, religieux à l'abbaye de Bern-lez-Heusden, de l'ordre des prémontrés ;

3° Jacques, qui suit ;

4° Jacqueline.

VI. Jacques de Kessel, chevalier, vivant en 1481, épousa : 1° Marie *de Fladeracken* (écartelé : au 1 et 4 d'argent à trois quintefeuilles de gueules 2 et 1 ; au 2 et 3 d'argent à trois fers de moulin de gueules 2 et 1) ; 2° Elisabeth *van Erpe* ; 3° Marie *de Stackenborch*, dont :

Du premier lit :

1° Marie, épouse de Paul *Nagels* (d'azur au sautoir engrelé d'or cantonné de quatre coquilles d'argent) ;

Du deuxième lit :

2° Jean, marié à Marthe *Borms* (d'argent au chaperon à manches de gueules), dont Jean de Kessel, haut écoutête de la ville et mairie de Bois-le-Duc, marié à Catherine *van Cotthem* (d'azur au croissant d'or chargé en chef de deux étoiles d'argent), dont :

a. Ferdinand. — b. Thomas ; — c. Jean.

A ce rameau appartient Jean de Kessel, né à Anvers le 5 avril 1626, tenu sur les fonts baptismaux par son oncle Jean *Breughel* le Jeune, célèbre peintre de paysages et de fleurs et par Suzanne *de Jode*; capitaine de la garde civique bourgeoise d'Anvers et élève de Simon de Vos. — Il fut reçu franc maître de la corporation de St-Luc en 1464-65 et peignit dans le genre de Breughel de velours. — Le roi d'Espagne, Philippe IV, estimant son talent, l'appela à Madrid où il l'attacha à sa personne *comme peintre de la cour*.

Le prix énorme de ses tableaux fut un obstacle à sa fortune et à sa gloire. Ses principaux tableaux sont : *Concert d'oiseaux* à Anvers; *Guirlande de fleurs* à Paris; *Poissons* à Florence; *Tabagie* à Vienne; *La boutique du barbier* à Vienne; *Guirlandes de fleurs entourant des figures de van Thulden* à Madrid; etc.

Jean van Kessel épousa, le 11 juin 1647, Marie *van Abshoven*, les témoins furent le célèbre peintre David Teniers le jeune et Ferdinand Alsolon ou Abshoven selon M. Van der Straelen; il mourut en 1679 laissant cinq enfants, savoir :

A. Ferdinand, né à Anvers le 7 avril 1648, il peignait agréablement le paysage et y introduisait des plantes exécutées avec un fini précieux. — Devenu peintre de Jean Sobieski, roi de Pologne, ce monarque lui conféra des lettres de noblesse pour lui et ses descendants. — Il mourut sans hoirs, peintre du roi Guillaume III d'Angleterre, à Bréda, en 1696. Ses principaux tableaux sont : *Les quatre éléments*, détruit par un incendie; *Groupe d'animaux* à Gand; *Paysage avec scène mythologique* à Vienne; etc.

B. Barthélémy né le 28 avril 1651 ;

C. Thomas, né en décembre 1652, capitaine des bourgeois à Anvers, mort le 17 août 1694, épousa

Marie-Anne Goossens, décédée en 1696. Ils gisent
à St-Georges à Anvers. Dont Nicolas, né à Anvers en 1684, imita la manière de Teniers et mourut à Anvers en 1741;

D. Jean, né le 23 novembre 1654, peintre du roi
Charles II, le 21 avril 1686, il mourut peintre de
Philippe IV, à Madrid, en 1780;

E. Anne-Marie, née le 12 juillet 1656.

Du troisième lit :

3° Gilbert, qui suit.

VII. Gilbert de Kessel, épousa : 1° Catherine *Vinck*
ou *Finck* (d'argent à une espèce de Hache de gueules);
2° Agathe *de Boxmeer* (d'or semé de billettes d'azur au
lion du même armé et lampassé de gueules), dont il
eut :

1° Thilman *ou* Guillaume, qui suit ;

2° Jean, mort à Venloo de la maladie contagieuse.

VIII. Thilman *ou* Guillaume de Kessel, né à Venloo,
aumônier de la ville d'Anvers en 1546 (de St-Genois.
Mon. anciens, tom. II, p. 157), épousa Anne *van Gin-*
kele (d'argent au chevron de sable, accompagné de
trois têtes de loup de même). Il fut contraint par suite
des guerres entre ceux de Brabant et de Gueldres de
se refugier à Anvers. Après son mariage avec Anne
van Ginkele, il fit construire à Berchem, près d'Anvers,
une belle campagne qu'il habita jusqu'au moment où
elle fut envahie, saccagée et brûlée par les bandes du
fameux capitaine van Rossum. Il mourut en 1560 et
fut inhumé dans l'église de Berchem lez-Anvers, sous
une pierre sepulchrale ornée de ses huit quartiers et
de l'inscription suivante :

Thilmano de Kessel, a Venlo ex Nobili Kesselorum
familia oriundo curi Antverpiano atque vero
integerimo qui obit Rangoe imprædio
Suo Rutemberg VII kal. aprilis anno
MDLX patre optime merito liberi
moeste cum Lachrimis posuere.

Leurs enfants furent :

1° Corneille. receveur de la ville de Bois-le-Duc, marié 1° à Vendeline *van Horst*; 2° à Adrienne *van Heydel;* il est mentionné dans un acte des échevins d'Utrecht du 4 mai 1574, signé Van den Voorst, et dans un autre de l'an 1567, des échevins de Berchem. Il eut du premier lit :

a. Thilman de Kessel, greffier du conseil provincial de Namur, marié à Anne *de Jacquier* (de sinople à deux lions d'argent adossés et passés en sautoir, accompagnés en chef d'une étoile à six rais d'or. *Cimier :* un lion naissant d'argent), dont plusieurs filles mentionnées, en 1665, dans un acte devant notaire à Bruxelles, et quatre garçons, savoir :

aa. Albert-Ignace de Kessel, lieutenant bailli et maître forestier des bois et forêts du comté de Namur, député par le tiers état à la cérémonie de l'inauguration de l'électeur de Bavière, Maximilien-Emmanuel, comme comte de Namur le 17 mai 1712, — Il est cité avec son épouse Anne-Jeanne *de Chaveau* dans le remboursement d'une somme leur fait le 9 janvier 1676, par Catherine *Rigau* au nom de son époux Antoine *Baré,* capitaine d'une compagnie bourgeoise à Namur. (de S¹-Génois. *Monuments anciens*, tom. II, p. 372.)

bb. Corneille-Florent de Kessel, licentié en droit, 1665, greffier du conseil provincial de Namur ;

cc. et dd. François-Guillaume et Thilman de Kessel, tous deux jésuites.

b. Marie de Kessel, épousa Antoine *du Bois*, receveur-général de l'artillerie du roi d'Espagne aux Pays-Bas ;

Du deuxième lit :

c. Anne de Kessel, mariée à N... *de Bleyven*, sergent-major au service de S. M.

2° Melchior, cité dans un acte du 4 mai 1574 ;

3° Balthazar, tenait sa résidence à Utrecht, il épousa Géline *van Loon*, fille de Guillaume, issue de l'ancienne famille van Loon du pays de Gueldres, dont deux garçons et plusieurs filles :

a. Roland de Kessel, 1631, licentié en droit à Alckmar ;

b. Corneille.

4° Henri, qui suit ;

5° Marie, épouse de Jean *Boone* (d'or au sautoir d'argent cousu de gueules et accompagné en chef d'une aigle de sable) ;

6° Clara, mariée à Philippe *van Casteele* (d'or à trois tours d'azur à la bordure de gueules avec les mots suivants en lettres d'argent : Dieu est ma forteresse) ;

7° Gertrude, mariée à Herman *van der Meeren* (d'or à

trois quintefeuilles de gueules, boutonnées d'argent 2 et 1), docteur en droit;

8° Anne, mariée à Pierre *van Aelst* dit *le jeune*.

IX. Henri de Kessel, passa en Espagne au service du Roi et y épousa, dans la ville de Palma, aux îles Canaries, dona Catherine *Ortiz* (d'azur au lion d'argent portant sur le flanc une étoile à cinq rais dor, et un croissant de même, à la bordure d'argent chargée de huit quintefeuilles de gueules), dont :

1° Louis, mort sans alliance à Carthagène des Indes;

2° Théodore, mort aussi sans alliance à Carthagène des Indes;

3° André, qui suit.

X. André de Kessel, corrégidor (receveur) perpétuel de S. M. C. pour la cité de Carthagène aux Indes Occidentales et capitaine d'une compagnie franche de la dite cité, épousa dona Anna *de Poiras-Loiaisa* (d'argent à cinq trèfles de gueules posées en sautoir), native de Cunama aux Indes, fille du capitaine don Grégorio *de Poiras de Palavera de la Reyna*, et de dona Leonora-Fermandez *de Serpa*, native de Palos au comté de Niebla; Grégorio de Poiras était neveu de don Garcia *Loaisa*, chevalier de St-Jean dit de Malte, général de la flotte des Indes, en 1526, où il y fut défait par les maures; ses navires écartelés par une tempête et ses gens tués par les infidèles, il mourut de misère en juillet 1526.

Leurs enfants furent :

1° André de Kessel, reçu chevalier de l'ordre militaire de St Jacques en 1651, c'est à lui que fut délivrée l'attestation suivante :

« Je soussigné roy d'armes ordinaire do Sa Majesté à titre de Luxembourg, certifie et atteste par ceste qu'environ vint-deux à vingt-trois ans je suis esté produit avec plusieurs personnes instruits et versez en l'art héraldique et généalogique pour rendre tesmoignage devant don Jean D'Urguina et le seigneur baron de la Chapelle, chevalier de l'habito de S¹ Jacques et commissaires de Sa Majesté, députez pour prendre information de la noblesse da don Andrea *van Kessel*, lors chevalier prétendant du mesme ordre; et que ensuite de ce j'ai rendu tesmoignage de la maison de *van Kessel* (portant pour armes : *d'argent à cinq loxenges continuex de gueules en forme de croix*) de nom et d'armes, et d'ancienne noblesse militaire, par raison de science que j'avois prises de diverses notices généalogiques, tombes sepulchrales, chartes figuratives émanez par priviléges et autrement de laquelle maison estoit descendu par représentation le feu s¹ Thielman *van Kessel* (enterré avec ses cartiers à Berchem proche de la ville d'Anvers), bisayeul dud¹ don Andrea *van Kessel* par dam¹¹ᵉ Anne *van Ginkele*, sa compagne, j'atteste en outre que depuis est venu à cognoissance que le dict don Andrea *van Kessel* at esté admis pour chevalier formé de justice du dict ordre de S¹ Jacques en l'an 1651 comme aussi don Gregorio *van Kessel*, son frère, a depuis esté reçeu en l'ordre militaire de Calatrave en l'an 1656 comme estants à ce idoines, et capables, en tesmoignage de quoy j'ai signé ceste, et scellé avec le scel de mes armes, fait à Bruxelles le 26 jour de janvier 1674. Signé : Engelbert Flacchio Luxembourg, à côté étoit le dit scel rouge sous papier blanc. »

2° Grégoire de Kessel, né à Carthagène des Indes, chevalier de l'ordre militaire de Calatrava le 26 mars 1657; capitaine d'une compagnie de cuirassiers espagnols au service de Charles II, il mourut au lit d'honneur. Voici son admission dans l'ordre de Calatrava :

« Don Philippe, par la grâce de Dieu, roy de Castille, de Léon, d'Arragon, des deux Sicilles, de Jérusalem, de Portugal, de Navarre, de Grenade, de Tolède, de Valence, de Gallice, de Muil-

lorque, de Seville, de Cerdeigne, de Cordube, de Corsique, de
Murcie, de Jaen, et administrateur perpétuel de l'ordre et chevalerie de Calatrave, par authorité apostolique. Je fais scavoir à
tous quelconques, commandeur ou chevalier professé d'icelle,
que don Grégoire *van Quessel*, natif de Cartagène des Indes, m'a
remontré qu'il a faict propos et désire d'estre dudit ordre, et vivre
dans l'observance, et soucz la règle et discipline d'icelluy pour
la dévotion qu'il at à Monsieur Sainct Benoist, et aud' ordre, me
suppliant de le faire admectre et luy donner l'habit, et remarque
d'icelluy ou comme ma mercede seroit, et ayant esgard à sa
dévotion, mérites et bonnes coustumes et les services qu'il a
rendu à moy et aud' ordre, et j'espère qu'il les rendra doresna-
vant, et que par une mienne cédulle datée à Madrid le douzième
du mois de juin de l'an passé, mil six cent et cinquante cinq, j'ai
faict mercede aud' don Grégoire *van Quessel*, de l'habit du dit
ordre, se remontrant en sa personne les qualitez que les définitions d'icelluy disposent, et parce que par information en vertu
de mon ordonnance prinse et veue dans mon conseil des ordres
et apparu qu'aud' Grégoire *van Quessel* se rencontrent les dictes
qualitéz, je l'ai eu pour agréable, et par la présente je vous dé-
nomme et députe et donne pouvoir et faculté, afin qu'en mon nom
et par mon authorité comme administrateur sud', conjoinctement
avec autres commandeurs et chevaliers dud' ordre, s'il y en
aura, vous pourrez armer et armez chevalier d'icelluy, led' don
Grégoire *van Quessel*, avec les actes et cérémonies en tels cas
requises, accoustumées de faire, et estant ainsy par vous armé
chevalier, je commect et ordonne au révérend et dévôt père
prieur, administrateur ou subprieur du sacré couvent dud' ordre,
avec les bénédictions et solemnitez que les définitions d'icelluy
requièrent et après que le dit habit sera donné, j'ordonne audit
don Grégoire *van Quessel* d'aller résider dans mes galères six
mois entiers, et naviguer en icelles effectivement et en prendre
attestations de mon capitaine-général desdites galères, et d'aller
avec lui audit couvent, où il demeura et résidera un mois de son
noviciat et approbation apprenant la règle et autres choses que
les chevaliers dudit ordre doibvent scavoir, et j'ordonne audit

prieur administrateur ou subprieur dudit couvent que devant l'expiration dudit mois, il m'envoyt laditte attestation de ce qu'il ayt esté dans mes dittes galères lesdits six mois et rapports de ses mérites et coustumes, afin que si elles seront telles qu'il doibve rester audit ordre, et quand il y aura un an entier qu'il aura reçeu ledit habit, il le fasse admettre à la profession expresse qu'en icelluy, il doibt faire ou pourveoir ce que dessus, et je déclare que de cette dépêche, on ne doibt le droict de Media Annata de quoy j'ai fait donner la présente à Madrid le vingt sixième jour du mois de mars, l'an mil six cent et cinquante sept, et estoit signé : je Le Roy : et plus bas : je don Pedro Coloma, secrétaire du roy. »

RAMEAU DES BARONS DE KESSEL D'ANVERS

X (*bis*). Thierry de Kessel, fils d'Antoine, et de Mathilde *Ræloffs*, épousa Hildegonde *Van Gerwen*, vivaient ensemble en 1560, dont André, qui suit :

XI. André de Kessel, épousa Catherine *de Bruyne d'Alost* (d'or à trois grappes de raisin d'azur, feuillées de sinople les queues en haut), née à Anvers, dont il eut :

1° François, marié à Élisabeth *Bock* (de sable à la fasce d'or, accompagnée en chef de trois merlettes de même et écartelé d'or à 15 clochettes d'argent 5, 4, 3, 2 et 1), descendante du chevalier Gossuin Bock, vivant en 1248, lequel céda au duc Henri de Brabant, en 1243, son fief d'Hemixem, et du quel Aubert le Mire et Jean le Roy font mention ; dont :

   a. Gilbert, mort en Espagne, sans alliance ;

b. Adrienne, mariée à Jean *van Havre* (d'argent au chevron d'or accompagné de trois quinte-feuilles du même, deux en chef, une en pointe; au chef vairé à trois pals de gueules), habitant de Cadix, morts tous deux sans enfants;

c. Catherine, morte sans alliance.

2° Jean, docteur en médecine;

3° et 4° Marie-Anne et Hélène, religieuses au couvent de Sion, à Maeseyck, de l'ordre de St-François;

5° et 6° Claire et Suzanne, décédées toutes deux sans alliance;

7° Sara, mariée à Jean *de Velpe* (d'or au lion accroupi de gueules contre un arbre de sinople, chargé sur l'épaule d'un écusson d'or à la croix de gueules, cantonnée de quatre merlettes de sable), issu de la très ancienne famille *de Velpe*, originaire de la Hesbaye et dont était Georges, sire de Velpe ou Velpen lez-Halen, chevalier, vivant en 1196, lequel donna un certain bien alléodal à l'abbaye d'Everbode, comme le témoignent les lettres authentiques signées par le Rd. prélat Stepot (1); la maison de Velpe est alliée aux *Gossoncourt, Van den Bosch, Gelinden, Mettecoven, Lechy, Merten, Steenhuysen, Gruthuysen,* etc., etc.;

8° Antoine-André, marié à Isabelle *de Boxtel* (de gueules à deux fasces d'argent accompagnée de huit merlettes de même posées 3, 2 et 3), issue

(1) Bon de Herckenrode. *Collection d'épitaphes de la Hesbaye.* page 10.

de l'ancienne et illustre maison *de Boxtel*, déjà
connue au Xᵉ siècle et dont étaient Gérard, sire
de Boxtel et Wilhaume, son père, cités dans une
charte de Postel de l'année 1173; elle était fille
d'Arnould *de Boxtel* et de Josine *Van Bethmeer*
et veuve en premières noces de Philippe *Van den
Berghe*. — Ils eurent deux filles :

   a. Catherine de Kessel ;

   b. Isabelle de Kessel, mariée à Lambert *van
   Balen ;*

9° Thierry ou Théodore-André, qui suit :

XII. Thierry ou Théodore-André de Kessel, né à
Bois-le-Duc, quitta cette ville à cause des guerres et
vint s'établir à Anvers où il devint échevin en 1683,
1685, 1686, 1687, 1689 et 1690, bourgmestre en 1688 ;
il épousa : 1° Anne-Catherine *Redingher* ou *Redequer*
(d'azur au cerf d'or rampant sur une terrasse de sinople
y naissant une rose d'argent), décédée le 9 octobre
1679, fille de Melchior, originaire de Silésie, et de
Marie *Overwilligen ;* 2° le 16 mai 1680, Marie *Muy-
tinckx* (d'or à l'ours naissant sur pied de sable accolé
de gueules, bordé et bourelé d'or), veuve de Corneille *Galle* (d'azur à 6 croissants remontants d'or
posés 3, 2 et 1), et fille de Nicolas, et d'Isabelle *Bor-
rekens*. Thierry-André de Kessel mourut le 24 mars
1694 et fut inhumé avec sa première femme en l'église
des Récollets à Anvers, devant la chapelle de Sᵗ-Bona-
venture, au grand chœur, sous une pierre portant l'inscription suivante : (1)

(1) Baron Le Roy. *Le grand théâtre sacré de Brabant*, T. II,
livre I, page 123.

D. O. M.

Hic Jacet *Anna-Catharina Redequer*
Maximis dum viveret corporis et Animi
Dotibus ornatissima fœmina, fuit forma
Excellens, ingenio praestans, virtute ac
Pietate nulli secunda
Obiit anno dni. 1679. die 9 octobris ætatis 35.
Uxori optimè meritæ lugens *P. C. Théodorus
Andreas van Kessel*, qui conjugis manes
Secutus 1694. Die 24 martii ætat. 54. Urbis
Consul justi tenax coronam justitiæ. exspectat.

Du mariage de Théodore-André de Kessel et d'Anne
Catherine *Redingher*, sont nés quatre enfants, savoir :

1º Isabelle-Catherine, née le 9 novembre 1665, décédée
le 27 juin 1742, mariée, le 10 mai 1685, à Corneille-
François *Bosschaert* (d'or à l'arbre sec de sable,
accompagné de trois merlettes du même, les deux
en chef perchées sur les branches de l'arbre), licentié ès lois, Amman de la ville de Bruxelles, né
en cette ville, le 5 décembre 1658, et y décédé le
29 août 1728 ; fils de Corneille, et de Marie *van
der Piet*, cette dernière était fille de François
Van der Piet et de Marie *Van Os ;*

2º Marie-Cornélie, décédée le 30 décembre 1728, mariée à Jean-François *Heubens*, conseiller au conseil de Flandre, mort le 30 novembre 1734, fils
de Jean-Baptiste, et d'Anne-Marie *Piet ;* ils gisent
aux Carmes à Gand ;

3º André-Melchior, qui suit :

4º Jean-Paul, établi à Port-Sainte-Marie, en Espagne.

XIII. André-Melchior de Kessel, échevin de la ville
d'Anvers en 1696 et 1699, premier secrétaire et second

pensionnaire de la dite ville, obtint réhabilitation de
noblesse, par lettres-patentes, du 7 août 1725 :

Charles, par la grâce de Dieu, Empereur des Romains, toujours auguste, etc., A tous ceux qui ces présentes verront ou lire
ouiront, salut : Pour le bon rapport qui nous a été fait de notre
cher et bien amé André-Melchior van Kessel, conseiller pensionnaire et premier secrétaire de notre ville d'Anvers, qu'il aurait eu le bonheur de s'acquitter si utilement du dit emploi par
rapport au consentement des subsides, que nous aurions bien
voulu témoigner d'être satisfait de sa conduite; que depuis, le
remontrant auroit été un des députés en notre cour nommé par
l'assemblée générale de la compagnie de commerce des Indes
établie dans nos Pays-Bas; que comme les hérauts d'armes cer-
tifieroient qu'il seroit issu d'une famille noble, il se trouveroit
pourtant qu'un de ses ascendants auroit dérogé à la dite noblesse, par rapport au commerce, avant la publication du décret
de feu le roi Charles second, de glorieuse mémoire, portant
que le commerce en gros ne devroit à l'avenir déroger à la noblesse, sur quoi il nous a très humblement supplié de lui accorder nos lettres patentes de réhabilitation de noblesse, l'annoblissant de nouveau pour autant que de besoin, Scavoir faisons
que nous, ce que dessus considéré et ayant particulier égard
aux bons et fidèles services que le remontrant nous a rendus et
qu'il promet de nous rendre encore; inclinant à le traiter favorablement, avons, de notre certaine science, grâce, libéralité,
pleine puissance et autorité souveraine, pour nous, nos hoirs
et successeurs, remis, effacé, remettons et effaçons par ces présentes tout ce en quoi ses prédécesseurs pourroient avoir dérogé
à la noblesse en quelque manière que ce soit, et suivant ce
réhabilité et rétabli, réhabilitons et rétablissons le dit André-
Melchior van Kessel au dit état de noblesse de ses prédécesseurs, l'annoblissant de nouveau pour autant que besoin pourroit être, voulant et entendant que lui, ses enfants et postérité
mâles et femelles nés et à naître de mariage légitime jouissent et
usent dorénavant et à toujours comme gens nobles en tous
et quelconques leurs faits, actes et besognes, des honneurs,

franchises, prérogatives, prééminences, priviléges, libertés et
exemptions de noblesse, tout ainsi comme en usent et sont accoutumé d'user les autres nobles par toutes nos terres et seigneuries,
signamant en nos Pays-Bas, ce qu'ils soient tenus et réputés
pour nobles en toutes places et lieux, soit en jugement et hors
d'icelui et que semblablement ils soient et seront capables
d'avoir états et dignités soit de chevalerie ou autres, et qu'ils
puissent et pourront en tout temps acquérir, avoir et posséder
places, terres et seigneuries, rentes, revenus, possessions et
autres choses mouvantes de nos fiefs et arrière fiefs et tous
autres nobles tenemens et les reprendre de nous ou d'autres
seigneurs féodaux de qui ils seront dépandants, et si aucunes
des choses susdites ils ont déjà acquises, les tenir et posséder
sans être contraints de les mettre hors de leurs mains, à quel
effet nous les habilitons et rendons suffisants et idoines, faisant
en outre vers nous et nos hoirs et successeurs les devoirs per-
tinens, selon la nature et condition d'iceux fiefs et biens acquis
ou à acquérir et la coutume du pays où ils sont situés ; et afin
que l'état de noblesse du dit André-Melchior van Kessel et de
ses enfants et postérité soit d'autant plus notoire, nous leur
avons accordé et permis, comme nous leur accordons et permettons le port de leurs anciennes armes qui sont un écu
d'argent à cinq lozanges de gueules posées en croix, surmonté
d'un timbre d'argent, grillé et liséré d'or, hachements et bourlet
aux émaux de l'écu, et pour cimier un bonnet de gueules rebrassé
d'argent et sommé d'une merlette de sable entre un vol, le demi
à droite d'argent et l'autre de gueules, en la dite forme et manière
qu'icelles armoiries sont peintes et figurées au milieu de cettes.
Si en chargeons à notre lieutenant gouverneur et capⁿᵉ génˡ de
nos Pays-Bas, et donnons en mandement à nos très chers et
féaux, ceux de notre conseil d'état établi aux Pays-Bas, chance-
lier et gens de notre conseil ordonné en Brabant, ceux de nos
domaines et finances, président et gens de ñre chambre des
comptes, et à tous autre nos justiciers, officiers et sujets présens
et à venir, leurs lieutenans et chacun d'eux en droit soy et si
comme à luy appartiendra, qu'étant par les dits de nos comptes

bien et duement procédé, comme leur mandons de faire à l'entérinement et vérification et enregistrature de ces présentes
selon leur forme et teneur ils fassent, souffrent et laissent le dit
André-Melchior van Kessel, ses dits enfants et postérité mâles
et femelles nés et à naître de mariage légitime de cette notre
présente grâce, octroy, réhabilitation de noblesse, et de tout ce
contenu de ces dittes présentes pleinement, paisiblement et
perpétuellement jouir et user, sans leur faire mettre ou donner,
ny souffrir être fait, mis ou donné aucun trouble, destourbier ou
empêchement en quelle manière que ce soit, car ainsi nous plaît-
il, pourvu que dans l'an après la datte de cette icelle soient présentées à notre ditte chambre des comptes à Bruxelles, à l'effet
de la dite vérification et intérinement, comme aussi dans le mênc
terme à notre premier roy d'armes ou autre qu'il appartiendra
en nos dits Pays-Bas, en conformité et aux fins portez par ce
15e article de l'ordonnance décrétée par feu l'archiduc Albert
le 14 décbre 1616, touchant le port des armoiries, timbres, titres
et autre marcques d'honneur et de noblesse, à peine de nullité
de cette notre présente grâce, ordonnant à notre dit premier roy
d'armes ou à celluy qui exercera son état en nos dits Pays-Bas,
ensemble au roy ou héraut d'armes de la province qu'il appartiendra de suivre en ce regard ce que contient ce règlement fait
par ceux de notre jadis conseil privé le 2 octobre 1637, au sujet
de l'enregistrature de nos lettres patentes touchant les dites marques d'honneur en tenant par nos dits officiers d'armes respectivement notice au dos de cettes, et afin que ce soit chose ferme
et stable à toujours, nous avons signé ces présentes de notre
main et à icelles fait mettre fire grand scel, donné en notre ville
et résidence impériale de Vienne en Autriche, le 7e jour du mois
d'août l'an de grâce 1725 et de nos règnes de l'empire Romain
le 15e, d'Espagne le 22e, et de Hongrie et de Bohême aussi le 15e,
était paraphé Prins de Cardna Ps Vte et signé *Charles*, plus bas
par ordonnance de Sa Matté., signé, *A. F. de Kurz*.

Il mourut le 2 mars 1743, et fut inhumé aux Récollets à Anvers. Il avait épousé : 1° Marie-Anne *Van den
Berghe* (d'argent à trois fasces ondées de gueules),

décédée le 20 juillet 1726, fille de Henri et de Corneille *de Brier* ; 2° le 26 août 1724, Marie *Forckhoudt*
ou *Forckoudt*, veuve de Jacques *Van Bets*, dont il
n'eut pas d'enfants, mais il laissa de son premier mariage :

1° François-Paul-Joseph, qui suit ;

2° Antoine-Joseph-Louis , lieutenant-colonel puis
   colonel du régiment de Salm, général-major,
   feld-maréchal au service de l'empereur d'Allemagne, directeur de l'Académie noble archiducale de
   Savoie. Son testament olographe est du 10 mars
   1763. Ses restes mortels ont été déposés dans
   l'église paroissiale de Marie-Hulpe près de Vienne
   en Autriche ;

3° Marie-Catherine-Thérèse, décédée sans alliance le
   10 février 1778 et inhumée aux Récollets à
   Anvers ;

4° Adrienne-Marie-Françoise, fille dévote, décédée le
   30 septembre 1735, inhumée aux Récollets à Anvers ;

5° Anne-Marie-Josèphe, décédée à Anvers le 17 juillet
   1785, inhumée aux Récolets à Anvers ;

6° Théodore-Joseph-Corneille, chanoine de Saint-
   Gommaire à Lierre, né à Anvers le 16 avril 1725,
   décédé à Lierre le 26 novembre 1778.

XIV. François-Paul-Joseph, baron de Kessel, échevin, trésorier général et premier conseiller pensionnaire de la ville d'Anvers, fut créé baron de son nom
par lettres patentes du 5 février 1744, avec déco-
ration d'armoiries :

Marie-Thérèse, par la grâce de Dieu, Reine de Hongrie, de
Bohême, de Dalmatie, de Croatie, d'Esclavonie, etc. Archidu-

chesse d'Autriche, Duchesse de Bourgogne, de Lothier, de Brabant, de Limbourg, de Luxembourg, de Gueldres, de Milan, de Styrie, de Carinthie, de Carniole, de Mantoue, de Parme, et Plaisance, de Wirtemberg, de la haute et basse Silésie, etc, princesse de Souabe et de Transilvanie; marquise du St Empire Romain, de Bourgovie, de Moravie, de la haute et basse Lusace; comtesse d'Habsbourg, de Flandres, d'Artois, de Tyrol, de Hainaut, de Namur, de Ferrete, de Kybourg, de Gorice et de Gradisca; Landtgrave d'Alsace; dame de la marche d'Esclavonie, du port-Naon, de Salins et de Malines; Duchesse mariée de Lorraine et de Bar, Grande Duchesse de Toscane. A tous ceux qui ces présentes verront ou lire ouïront, salut : De la part de notre cher et féal François-Paul van Kessel, écuyer, premir conseiller pensionnaire de notre ville d'Anvers, et député ordinaire des États de Brabant, nous a été remontré en du respect, qu'il serait issu d'une très ancienne famille de la dite province au quartier de Bois-le-Duc, où elle se seroit tellement signalée dans le service de nos augustes prédécesseurs, que depuis le douzième siècle plusieurs de ses ancêtres et parens auroient été successivement de père en fils honorés du titre de chevalier, mais que par les malheureux troubles des Pays-Bas, et après la perte de la ville de Bois-le-Duc, leur patrie, l'ayeul du suppliant, pour rester fidèle et ferme dans la foi catholique Romaine, et continuer l'obéissance à son prince légitime, se seroit dû retirer et établir dans notre ville d'Anvers; que son dit ayeul, y auroit toujours vécu noblement malgré la perte d'une grande partie de ses biens, et été promu, en considération de ses services, à la place de Bourgmestre de notre dite ville ; que son fils, père du remontrant, en son vivant conseiller pensionnaire et premier secrétaire de notre ville d'Anvers, auroit rendu pareillement de très bons services pendant près de cinquante ans, pendant les quels il auroit continuellement été consulté et employé dans les affaires de la dernière conséquence par le gouvernement des Pays-Bas, et qu'il auroit eu l'honneur de prêter l'hommage au nom de la compagnie impériale des Indes, à feu Sa Majesté Impériale et catholique, notre très honoré père et seigneur, qui l'auroit

honoré de plusieurs distinctions et entre autres de la réhabilitation de noblesse ; que le remontrant, allié à la famille du baron
de Goos, ose se flatter d'avoir continué dans le même zèle, tant
par l'avance de sommes considérables à feue Sa dite Majesté Impériale et Catholique, dans les levées faites en Brabant, en Angleterre et en Hollande, que par rapport aux subsides de la province de Brabant, dans les quels il a de l'influence en ces dites
qualités de premier pensionnaire et député, et comme le remontrant croit qu'il pourroit nous rendre des services plus essen-
tiels s'il nous plaisoit de l'honorer du titre de baron, dont deux
branches de sa famille jouiroient déjà, alléguant que par cette
marque de distinction, il trouveroit plus d'ascendant sur l'esprit
du petit peuple, qui doit donner son consentement aux subsides;
et n'ayant rien plus à cœur que de pouvoir perpétuer avec plus
de l'ustre et d'éclat la mémoire des fidèles services de ses ancêtres,
ceux que le remontrant nous auroit rendus et espéreroit de rendre
encore en sa personne, afin d'animer d'autant plus ses descendants et alliés à suivre ses traces et se signaler par leur zèle et
fidélité envers notre auguste maison, moyennant quelque mer-
cède procédant de notre munificence royale, il nous a très humblement supplié que notre bon plaisir soit de lui accorder le
titre de baron de son nom de Kessel, tant pour lui que pour ses
descendants et héritiers, avec la permission de l'appliquer sur
telle terre seigneuriale que le suppliant ou ses descendants et
héritiers pourront acquérir aux Pays-Bas de notre domination,
signament dans notre duché de Brabant, et pour plus ample
grâce de lui en accorder les lettres patentes gratis ou du moins
une modération des droits qui en résultent, eu égard aux pertes
qu'il auroit faites dans la levée en Hollande sur la Silésie. Nous,
ayant égard à tout ce que dessus, avons, de notre certaine
science, grâce, libéralité, pleine puissance et autorité souveraine,
fait et créé, faisons et créons le dit François-Paul van Kessel
baron par ces présentes, de même que ses enfants et descendants mâles et femelles, nés et à naître de mariage légitime en
ligne directe, suivant l'ordre de primogéniture, barons et baronnes ; consentons et permettons qu'il puisse, en attendant qu'il

acquierre quelque fief en Brabant ou en quelqu'autre province de nos Pays-Bas sur lequel ce titre soit affecté, s'intituler baron de son nom de Kessel, pour du dit titre de baron, ensemble des honneurs, droits, prérogatives et prééminences y appartenantes, jouir et user par le dit François-Paul de Kessel et ses descendants mâles et femelles nés et à naître de léal mariage, à jamais, tout ainsi et en la même forme et manière et sous les mêmes charges et conditions que font et sont accoutumés de faire les autres barons de nos Pays-Bas, le tout à charge et condition que le dit François-Paul de Kessel, ses hoirs et successeurs au dit titre de Baron, seront tenus de faire le serment de fidélité et léauté à cause d'icelui titre de baron, és mains de nous, nos hoirs et successeurs, ou de nos lieutenants gouverneurs et capitaines généraux de nos dits Pays-Bas, que nous avons à ce commis et autorisés, comme nous les commettons et autorisons par ces présentes. Et en outre que cette notre présente grâce ne tournera ores ni au tems à venir, à notre préjudice, ni de nos hauteurs, jurisdictions, ressort, souveraineté, autorité et prééminence; avons aussi accordé et permis, accordons et permettons au dit François-Paul de Kessel, à ses descendants légitimes, de décorer les armoiries de sa famille qui sont un écu d'argent à cinq lozanges de gueules posées en croix, surmonté d'un timbre d'argent, grillé, et liséré d'or, hachemens et bourlet aux émaux de l'écu, et pour cimier un bonnet de gueules rebrassé d'argent et sommé d'une merlette de sable entre un vol, le demi en droit d'argent et l'autre de gueules, d'une couronne à neuf perles, et lui permettant pour plus ample grâce, de faire supporter le dit écu de deux lions léopardés d'or, armés au naturel et lampassés de gueules, en la même forme et manière qu'icelles armoiries sont peintes et figurées au milieu de ces présentes. Nous déchargeons pareillement et exemptons le dit François-Paul de Kessel de la moitié du paiement de la médianate et autres droits royaux ;

Si enchargeons Leurs Alteses Sérénissimes l'archiduchesse Marie-Anne d'Autriche, notre très chère et très aimée sœur, et le Prince Charles-Alexandre de Lorraine et de Bar, notre très cher et très aimé beau frère et cousin, nos lieutenants, gouverneurs et capitaines généraux de nos Pays-Bas, et notre ministre Plénipotentiaire pour le gouvernement général des mêmes pays; Donnons en mandement à tous nos conseils et autres nos justiciers, officiers et sujets que ce peut regarder ou toucher, qu'ils fassent et laissent pleinement et paisiblement jouir et user le dit François-Paul de Kessel, de même que sa postérité légitime en ligne directe et suivant l'ordre de primogéniture comme dit est, de la création, nom, et titre de baron de Kessel, des droits, honneurs et prérogatives y attachés, de la condécoration des armoiries et de tout le contenu de ces présentes, sans leur faire, mettre ou donner, ni souffrir être fait, mis ou donné aucun trouble ou empêchement, au contraire : ordonnons en outre à notre conseil des finances, à ceux de notre chambre des comptes, et aux rois et hérauts d'armes de nos Pays-Bas, qu'ils procèdent bien et duement à la vérification, entérinement et enregistrement de ces présentes selon leur forme et teneur, sans pour ce demander ni exiger rien au delà de la moitié des droits, de l'autre moitié desquels nous l'avons entièrement exempté et affranchi, comme dit est, car ainsi nous plaît-il pourvu que dans l'an après la date de cettes, icelles soient présentées à notre dite chambre des comptes, à l'effet de la dite vérification et entérinement, comme aussi dans le même terme à notre premier roy d'armes ou autre qu'il appartiendra en nos dits Pays-Bas, en conformité et aux fins portées par le XV° article de l'ordonnance décrétée par les Archiducs Albert et Isabelle, le 14 décembre 1616, touchant le port d'armoiries, timbres titre et autres marques d'honneurs et de noblesse, l'un et l'autre à peine de nullité de cette notre présente grâce, ordonnant à notre dit premier roi d'armes où à celui qui exercera son état en nos dits Pays-Bas ensemble au roi ou héraut d'armes de la province qu'il appartiendra, de suivre à cet égard ce que contient le règlement fait par ceux de notre conseil privé le 2 octobre 1637, au sujet de l'enregistrement de nos lettres patentes touchant les dites marques d'honneur, en tenant par nos dits officiers d'armes respectivement notice au dos de cette.

Et afin que ce soit chose ferme et stable à toujours, nous

avons signée ces présentes de notre main et à icelles fait mettre notre grand scel. Donné en notre ville et résidence royale de Vienne, le cinquième février l'an de grâce mille sept cens quarante quatre, et de nos règnes le quatrième. Paraphé *Sil*⁰. l't. signé : *Marie-Thérèse*, et plus bas, par ordonnance de Sa Majesté contresigné : *le baron de Palazzi*.

Et étaient ces lettres patentes scellées du grand et contre scel de S. M. imprimé en cire rouge, y pendant d'un double cordon de soye jaune, blanche et rouge en une caisse de fer blanc séparée par le milieu d'un anneau de cuivre.

Follo vs⁰ au commencement est écrit :

Cejourd'huy dixième d'avril de l'an 1744, Mons'. François-Paul van Kessel a prêté le serment ordonné par ces présentes lettres patentes en qualité de baron et ce ès mains de Leurs Altesses Sérénissimes lieutenants, gouverneurs et capitaines généraux des Pays-Bas. Moy présent, signé : H. Crumpipen.

Plus bas au d' fol⁰ vs⁰ est encor écrit :

Nous soussignés messire André-François Jaerens, chlr., cons'. de la Reine de Hongrie et de Bohême, exerçant l'état de premier roi d'armes dit Toison d'or en ces Pays-Bas et de Bourgogne, et Richard de Grez, écr, roi et héraut d'armes ord'ᵉ de Sa Royale Majesté en ses mêmes Pays-Bas, à titre de la province et duché de Lothier et de Brabant, certifions et déclarons d'avoir vu et examiné ces présentes lettres patentes du titre de baron et d'une couronne à neuf perles, avec permission de pouvoir faire supproter l'écu de deux lions léopardés d'or, armés au naturel et lampassés de gueules, et d'en avoir chacun de nous tenu notice et mémoire ès livres et registres de nos offices, comme Sa Majesté le veut et mande être fait au dispositif d'icelles lettres patentes, temoin de ce, nous avons signé cette à Bruxelles, ville de cour au Duché de Brabant le 3ᵉᵐᵉ jour du mois de juin de l'an 1744.// : signés A. F. Jaerens chlr. et R. De Grez.

Pour regitre.

(signé) A. F. Jaerens, chlr.

Il épousa le 21 mars 1732, à Saint Jacques à Anvers, Marie-Thérèse *Goos* (d'or à la bande d'azur chargée de trois étoiles d'argent), née le 19 février 1693, veuve sans enfants de Robert *le Candele* (d'or à trois chaperons de sable finissant en pointe) et fille de Pierre *Goos*, écuyer, secrétaire d'Anvers, et d'Anne ou Jeanne-Claire-Isabelle *Vecquemans*. Elle mourut le 8 mars 1758 et lui le 15 juillet 1776 ; leur fils André-François-Joseph, suit :

XV. André-François-Joseph, baron de Kessel, échevin et receveur des domaines de la ville et du quartire d'Anvers, du premier janvier 1762 au 31 décembre 1777, né le 24 mars 1724, décédé à Utrecht le 21 août 179... épousa à Anvers, le 8 janvier 1774, Marie-Cornélie-Jacqueline-Josèphe *Van Heurck*, née à Anvers le 12 mars 1739, fille de Jean-Charles-Joseph, conseiller de commerce, et d'Élisabeth-Marie *Wittert*, dont :

1º Marie-Thérèse-Françoise, née à Anvers le 15 juillet 1775, décédée sans alliance au château de Terborght, sous Eekeren, le 9 juillet 1790 ;

2º Pierre-André, qui suit ;

3º Catherine-Josèphe, née le 7 avril 1778 et baptisée le même jour à notre Notre-Dame d'Anvers, décédée le 13 du même mois 1778.

XVI. Pierre-André, baron de Kessel, membre de l'ordre équestre de la province d'Anvers, né à Anvers le 14 juillet 1776 et baptisé à St-Jacques, mort en célibat, à Anvers, le 7 janvier 1842.

KESSEL DE WATTIGNIES (DE)

I. Jacques de Kessel (1), écuyer, marié à Madeleine *de Liere d'Immersele* (d'argent à 3 fleurs de lis au pied coupé de sable), issue d'une des plus anciennes et nobles familles de la Belgique : les ducs d'Aerschot, fut père de :

II. Gilbert de Kessel, écuyer, lieutenant d'hommes d'armes de la compagnie d'ordonnance du comte de Nassau, épousa Gertrude *de Blonkelaert*, issue d'une famille noble originaire du Brabant, dont il eut :

III. Jean de Kessel, écuyer, seigneur de Milleville, marié à Anne *de la Biche* (d'argent à la fasce d'azur), petite fille de Nicolas *de la Biche*, chevalier seigneur de Leaucour, Cerfontaine, etc., gouverneur de la ville d'Hulst, dont un fils unique :

IV. Philippe de Kessel, chevalier, seigneur de Milleville, Becquerel, Lambersart, Joncquoi, Belbus, etc., bailli de Cisoing, marié à Madeleine *d'Appelteren* (d'or au sautoir échiqueté d'argent et de gueules de deux traits), fille unique et dernière héritière de Charles d'Appelteren, conseiller des archiducs d'Autriche, et de Jeanne *de Castelain*; il recueillit, du chef de sa femme, la seigneurie de Wattignies dans la succession de Mathieu de Castelain, seigneur de Bec-

(1) Borel d'Hauterive. *Annuaire de la noblesse de France.* 1857. Page 175.

querel, Wattignies, etc., leur oncle. Philippe de Kessel et sa femme acquirent, en 1618 et 1619, divers fiefs dont ils obtinrent du roi d'Espagne, en 1644, la réunion à celui de Wattignies, — duquel ils avaient donné aveu et dénombrement le 17 septembre 1631.

Leurs enfants furent :

1° Michel, qui suit ;

2° Philippe-Albert de Kessel, chanoine de la cathédrale de Notre-Dame à Tournay ;

3° Jean-Ernest de Kessel ;

4° Emmanuel de Kessel, seigneur de Joncquoi, gouverneur de Charlemont et mestre de camp de cavalerie au service de Sa Majesté Catholique, fut père de : 1° Claude-Lamoral de Kessel, écuyer, seigneur de Joncquoi, capitaine au régiment d'Hannequin, cavalerie, fit enregistrer ses armes en 1697, il portait de Kessel écartelé *d'argent à une croix de gueules chargée de cinq coquilles d'argent*; et 2° d'Antoine-Albert de Kessel, écuyer, seigneur de Flers et Mal-Maison, marié à Louise *du Quesnoy* (de sable au chevron d'or accompagné en pointe d'une feuille de chêne de même), lequel fit aussi enregistrer ses armes en 1697.

5° Anne-Marie de Kessel, femme de Charles *de la Haye*, seigneur du dit lieu et mère de Lamoral de la Haye ;

6° Madeleine de Kessel, mariée à Jean-André *de Waziers*, chevalier, seigneur de Beaupré, Vertbois, etc.

V. Michel de Kessel, chevalier, seigneur de Wattignies, Lesquin, St-Lambert, Becquerel, Thieffries, etc.,

créé chevalier par lettres patentes de Philippe IV, roi
d'Espagne, du 10 mai 1642; il épousa, le 19 octobre 1661,
Bonne-Françoise *de Haynin* (d'or à la croix engrelée
de gueules, écartelé d'or, contre écartelé de sable et
une cotice de gueules croissant sur le tout), des
barons de Wambrechies, fille de Henri, et de Marie *de
Longwez*. Il fit, le 5 août 1694, le relief du village, terre
et seigneurie de Wattignies qui relevait de la salle de
Lille et fit enregistrer ses armes avec celles de sa femme
en 1697. Leurs enfants furent :

1° Philippe, qui suit;

2° Bonne-Victoire de Kessel, mariée à Pierre *de Croix*,
seigneur de Pottes, mort en 1706, fils de Pierre, et
de Marguerite de Croix, sa parenté.

VI. Philippe-Albert de Kessel, comte de Wattignies,
seigneur de Flers, Lesquin, Becquerel et autres lieux ;
capitaine de cavalerie au Régiment de Mauroy, rendit
hommage pour sa terre et seigneurie de Wattignies,
fief à clocher, avec haute, moyenne et basse justice, le
19 novembre 1699 et obtint au mois d'août 1700, l'érection de la dite terre en comté; il mourut le 9 avril 1742 ;
sa femme Marie-Charlotte *de Lannoy* (d'argent à trois
lions de sinople couronnés d'or armés et lampassés de
gueules), fille de Charles François, comte de Lannoy, et
de Marie *du Fief* (de sable à 3 croissants d'or 2 et 1),
dame d'Espières, ne lui donna qu'un fils, qui suit :

VII. Philippe-Charles de Kessel, comte de Wattignies, seigneur de Lesquin, Becquerel, etc., marié le
29 mars 1728 à Marie-Adrienne-Alexandrine *de la
Buissière* (d'argent à une aigle volant de sable et
regardant un soleil d'or naissant du haut du flanc

dextre), fille unique et dernière héritière de feu Oudart-Joseph de la Buissière, Marquis de Lugy, seigneur de Reclinghem, et de Marie-Joséphine *de Melun*, marquise douairière de Lugy. Étant sur le point de rejoindre l'armée de Flandre, pour servir en qualité d'aide de camp du maréchal de Saxe, il fit donation du comté de Wattignies, par acte du 22 avril 1745, à Charles-François de Lannoy, seigneur de Rhinval, son oncle maternel, dont la petite fille et héritière, Marie-Ferdinande-Joséphine-Colette de Lannoy apporta en dot le comté de Wattignies dans la maison *du Maisniel*.

Philippe-Charles de Kessel mourut sans postérité le 24 décembre 1747, sa veuve se remaria, en 1751, avec Maximilien-Chrétien-Charles *de Thiennes*, comte de St-Maur, colonel au service de la république de Gênes.

LINOTTE DE POUPÉHAN

Armes : D'argent au chevron d'azur accompagné de trois linottes au naturel, les deux en chef affrontées. *Cimier* : Une linotte de l'écu tenant en son bec un rameau de sinople.

La famille Linotte de Poupéhan ou Pouppéhans est originaire de l'ancien duché de Bouillon, où elle occupa longtemps des fonctions importantes dans la magistrature.

I. Claude Linotte, mort président honoraire de la

cour souveraine de Bouillon, fut père de Claude-Henri, qui suit :

II. Claude-Henri Linotte, seigneur de Poupéhans, conseiller et procureur général de la cour souveraine de Bouillon, puis commandant du duché de Bouillon, fut anobli, le 8 décembre 1760, par Charles-Godefroid, duc souverain de Bouillon. — Il eut pour fils Claude-Louis, qui suit :

III. Claude-Louis Linotte de Poupéhan, né le 10 février 1764, procureur général de la cour souveraine de Bouillon ; obtint reconnaissance de noblesse, par arrêté du roi Guillaume des Pays-Bas, du 17 octobre 1816, et fut admis dans le corps équestre de la province de Luxembourg :

« Nous Guillaume par la grâce de Dieu, roi des Pays-Bas, price d'Orange-Nassau, grand duc de Luxembourg, etc. ; à tous ceux qui ces présentes verront salut :

Ayant prescrit par notre arrêté du 13 février 1815, n° 60, que seront comptés faire partie de la noblesse des Pays-Bas, tous ceux qui ont été nommés par nous et admis aux corps équestres, ou des nobles des provinces respectives, ou qui y seront nommés ou admis dans la suite jusqu'à l'introduction des réglements mentionnés à l'article 131 de la loi fondamentale, ainsi que les descendants légitimes de ceux-ci. — Et ayant par notre arrêté du 17 octobre 1816, n° 47, nommé et admis au corps équestre de la province du grand duché de Luxembourg, le sieur Claude-Louis *Linotte de Poupéhans*, écuyer.

C'est à ces causes que nous avons reconnu le susdit sieur Claude-Louis Linotte de Poupéhan actuellement incorporé et admis au corps équestre de la province de Luxemboug, ainsi que ses enfants légitimes présents et à venir tant mâles que femelles, ainsi que tous les autres descendants de la famille, noms et armes comme faisant partie de la noblese des Pays-Bas avec le prédicat de noble-homme et étant bien né, le tout avec tels droits et préro-

gatives qui sont ou seront attribués par la suite par les lois du
royaume à la noblesse du royaume des Pays-Bas, et nous reconnaissons par le présent ses armoiries telles qu'elles se trouvent
ici dépeintes en leurs émaux et métaux, comme étant les armoiries étant propres à lui et à ses descendants, les confirmant
autant que de besoin, pour ce qu'il être nécesssaire à l'état de
nobles du dit royaume, et pour que le susdit noble homme,
Claude-Louis-Linotte de Poupéhan et ses descendants légitimes
puissent posséder un témoignage perpétuel et particulier de
notre grâce susmentionnée et puissent jouir sans empêchement
des prérogatives attribuées à la noblesse des Pays-Bas, nous lui
avons dépêché ces lettres patentes ou acte de preuve en faveur
de lui et de ses descendants, avec ordre pour le dit noble homme
Claude-Louis Linotte de Poupéhan de les faire enregistrer par
notre conseil suprême de noblesse et d'y faire ranger ses armoiries au nombre des autres armoiries des familles nobles des
Pays-Bas. Mandons et ordonnons à Notre conseil suprême de
noblesse et invitons les états des provinces respectives de notre
Royaume, les corps équestres et les nobles qui les composent,
la cour suprême de Justice des Pays-Bas, toutes les cours de
Justice et administrations locales, tant des villes que des campagnes de reconnaître le dit noble homme *Claude-Louis Linotte de
Poupéhan* et ses héritiers légitimes non-seulement en tout ce
que dessus, mais aussi de les y maintenir au besoin, car nous
l'avons ainsi entendu, en vertu de notre pouvoir souverain pour
le bien de l'État. En confirmation de quoi nous avons corroboré
le présent de notre signature et l'avons fait contresigner par notre
secrétaire d'État et scellé du grand sceau servant à notre conseil
suprême de noblesse. — Donné à Bruxelles, le 17 octobre 1816.
signé : *Guillaume.* — Par le roi signé : A. R. Falck. Pour tra-
duction : Le secrétaire du conseil suprême de noblesse. signé :
de Wacker van Zon.

Claude Louis Linotte de Poupéhans ne laissa qu'une
fille unique :

Aimable-Suzanne-Élisabeth Linotte de Poupéhans,
mariée à Charles-Louis *Bodson de Noirefontaine*,

écuyer, fils de Jean-Georges-Louis, seigneur de Gembes, lieutenant du roi, commandant des villes et citadelles de Mézières et Charleville.

MARCHES (DE)

ARMES : D'argent à deux lions affrontés de sable, armés et lampassés de gueules, soutenant un croissant d'azur. *Couronne* à perles. *Supports* : Deux griffons d'or.

La généalogie de cette ancienne famille originaire de Gascogne, a été vérifiée le 12 avril 1738, par le juge-général d'armes de France, Louis-Pierre d'Hozier.

Marie-Thérèse, etc. De la part de notre cher et bien amé André *de Marches*, seigneur de Girsch, député de l'état noble de notre duché de Luxembourg et comté de Chiny, nous a été respectueusement représenté qu'il serait d'une ancienne et noble famille fidèlement attachée à notre auguste maison, fils légitime de Jean *de Marches* et d'Anne-Claire DE VAUCLEROY, fille de Jérome-Alexandre DE VAUCLEROY, qui aurait été capitaine dans un régiment de cavalerie au service de notre auguste maison, et depuis membre de l'état noble de la même province, et de Marie-Cécile DE BETTENHOVEN, petite fille de Jérome DE VAUCLEROY et de Marguerite DE COBREVILLE ; qu'il serait petit fils d'un autre Jean DE MARCHES, en son vivant capitaine de cavalerie, et de Catherine DE SUPERIORI, et arrière petit fils de Jacques DE MARCHES, qui aurait été capitaine de cent hommes d'armes, et de Jeanne-Marie LEDOULX DE MAIGNAN ; que par l'alliance du père du remontrant il lui serait dévolu par succession, entre autres biens,

la terre et seigneurie de Girsch, située en notre province de
Luxembourg; que feu l'empereur et roi notre très-cher et très
honoré père et seigneur, de glorieuse mémoire, lui aurait accordé de nouveau, en 1740, la haute justice sur nombre de
sujets de la même terre, qui s'étaient degagés en 1729 pour être
réunis à la prévôté d'Arlon, et qu'il aurait ensuite été reçu à
l'état noble de la province, comme il en consterait par l'acte de
son admission, qui nous a été produit; que ses ancêtres auraient
successivement été honorés de charges militaires, comme,
entre autres, de celle de capitaine, lieutenant colonel, colonel,
capitaine de cent hommes d'armes, et que, nommément,
un Louis *de Marches* aurait été choisi dans une convocation
de la noblesse en la province de Guyenne, en 1674, pour
en commander une grosse troupe; que ses ancêtres du côté
maternel auraient aussi été constamment attachés à notre
auguste maison et employés dans des charges honorables;
qu'un trisayeul, nommé Jean DE COBREVILLE, aurait été
prévôt de Bastogne et de Marche, et capitaine de deux cents
arquebusiers à cheval; que l'un des fils de celui-ci, nommé
Christophe DE COBREVILLE, après avoir été honoré des charges de
capitaine, sergent-major et lieutenant-colonel, aurait aussi levé
à ses dépens un régiment Haut-Allemand; qu'un autre trisaïeul,
Jean DE LUXERAT, aurait été pourvu, en l'an 1623, de l'emploi de
prévôt de Bastogne en notre province de Luxembourg; que le
remontrant aurait épousé Charlotte-Marie-Julienne-Josèphe-
Catherine DE REIFFENBERG, fille de Henri-Joseph DE REIFFEN-
BERG, famille qui serait de fort ancienne noblesse, originaire
d'Allemagne, dont une branche se serait établie en notre province de Luxembourg depuis plusieurs siècles et répartie sur
les frontières de Lorraine, et de Marie-Elisabeth DE GORCY; que
désirant obtenir de notre clémence impériale et royale quelque
grâce qui le mit à portée de faire éclater avec plus de distinction
son zèle et les fidèles services rendus par ses ancêtres de même
que les siens propres et ceux qu'il espère encore de nous rendre,
et d'animer par là ses parents et alliés à suivre ses traces, il nous
suppliait de daigner le créer baron de son nom *de Marches*,
ainsi que ses enfants et descendants de l'un et de l'autre sexe,

nés ou à naître de mariage légitime, selon l'ordre de primogéniture, et de lui permettre d'appliquer ce titre sur telles terres et
seigneuries qu'il trouvera convenir, déjà acquises, ou qu'il
pourra ci-après acquérir sous notre domination et obéissance,
au port des armoiries de sa famille, qui sont d'argent à deux
lions affrontés de sable, armés et lampassés de gueules, soutenant un croissant d'azur, en lui accordant de plus de pouvoir
décorer de deux griffons d'or pour supports et de pouvoir sommer l'écu d'une couronne à perles. Presbourg, le 17 juillet 1751.

IV. André, baron de Marches, seigneur de Girsch,
d'Ell, de Hondelange, de Paret, de Reimling, etc., né
le 5 octobre 1707, membre de l'état noble du Luxembourg, 10 décembre 1746, créé baron de son nom par
lettres patentes de l'impératrice Marie-Thérèse, du
17 juillet 1751, épousa : 1° Charlotte-Marie-Julienne-
Josèphe-Catherine, baronne *de Reiffenberg*, sœur de
Pierre-Philippe-Joseph, comte de Reiffenberg ; 2° par
contrat du 22 janvier 1753, Barbe-Catherine, comtesse
de Montbelliard de Franquemont, fille de Claude-
Antoine, seigneur de Courouvre, gentilhomme du duc
de Lorraine, et de Barbe-Françoise, comtesse *d'As-
premont*.

Du premier lit vint :
Jean-Henri-Marie-Joseph, qui suit :
Du second, vint :
Barbe-Françoise, née le 16 janvier 1754, dame de
l'ordre de la Croix étoilée, mariée par contrat
du 18 décembre 1775, à Sébastien-Charles-Joseph,
baron *de la Barre de Flandre*, capitaine d'infanterie au service impérial, député de l'état
noble du duché de Luxembourg le 19 novembre
1784, mort le 12 décembre 1838, à l'âge de 86
ans.

V. Jean-Henri-Marie Joseph, baron de Marches, seigneur de Guirsch, etc.; né le 17 mai 1648, épousa le 19 octobre 1773, Agathe-Charlotte *du Han de Martigny*, chanoinesse de Nivelles, dont un fils unique qui suit :

VI. Charles-Alexandre, baron de Marches, seigneur de Guirsch, né le 15 mai 1775, eut pour parrain S. A. R. le prince Charles-Alexandre de Lorraine, Gouverneur-Général des Pays-Bas autrichiens. Il épousa, Geneviève - Félicité-Eugénie - Marie-Louise, baronne *de Senzeilles de Soumagne*, chanoinesse de Nivelles, dont :

1° Arnold-Charles-Auguste, mort en célibat ;

2° Adèle, mariée à Hippolyte *Menessier*, de Metz ;

3° Justine, morte le 9 mars 1864, épousa le 21 octobre 1824, Joseph-Marie-Louis, baron *de Potesta de Waleffe*, sénateur, mort sans hoirs, le 15 avril 1851 ;

4° Marie-Alphonse-Philippe, qui suit :

5° Marie-Auguste-Élisabeth, mariée le 12 avril 1841, à Philippe-Adolphe *le Soinne*, professeur extraordinaire à l'Université de Liége, et morte peu de temps après.

VII. Marie-Alphonse-Philippe, baron de Marches, né le 28 janvier 1802, mort le 21 mars 1861, épousa le 6 décembre 1817, Marie-Justine *de Pfortzheim*, née le 10 mars 1798, morte le 27 mai 1863, fille de Jean-Georges, seigneur de Colpach, capitaine aux gardes wallonnes en Espagne, et membre de l'état noble du Luxembourg, et d'Anne, baronne *de Tornaco*, dont :

1° Gustave-Alexandre-Ferdinand, qui suit :

2° Henri-Édouard, né à Colpach, le 1er août 1820, ancien premier lieutenant des Hussards du duc Ferdinand de Saxe-Cobourg, au service d'Autriche, marié le 9 mai 1848 à Marie-Joséphine-Ghislaine, baronne *d'Overschie de Neer-Yssche*, née à Bruxelles le 27 septembre 1827, morte à Pau, le 1er décembre 1859, fille d'Auguste-Joseph-Ghislain, et de Philippe-Emmanuelle-Ghislaine *Vander Linden d'Hoogvorst*;

3° Alfred, attaché de légation, mort en septembre 1849;

4° Christine-Mathilde, née le 16 juin 1832, épousa le 18 août 1855, Ernest-Marie-Joseph, comte *d'Hane de Steenhuyse*, membre du conseil héraldique, bourgmestre d'Elene, etc., né à Gand le 16 décembre 1821, fils de Charles-Joseph-Marie, membre de l'ordre équestre de la Flandre-Orientale, chambellan du roi Guillaume Ier, membre de la Chambre des Représentants, échevin de Gand, et de Christine-Joséphine *Dons de Lovendeghem*;

VIII. Gustave-Alexandre-Ferdinand, baron de Marches, chevalier de la légion d'honneur, né à Colpach, le 15 septembre 1818, marié le 16 avril 1844, à Zoé-Théodorine-Ghislaine *Vilain XIIII*, dame honoraire du palais de la reine des Belges, née à Bazel le 1er novembre 1824, fille aînée de Charles-Ghislain-Guillaume, vicomte Vilain XIIII, ancien ministre des affaires étrangères, membre de la Chambre des Représentants, etc., et de Pauline *de Billehé de Valensart*, dont :

1° Pauline-Alphonsine-Zoé-Marie-Ghislaine, née à
   Bruxelles le 26 décembre 1847, mariée le
   16 avril 1866, à Émile-Henri-Florent-Ghislain,
   baron *de Wykerslooth de Rooyesteyn*, lieutenant
   au régiment des guides, officier d'ordonnance du
   roi des Belges, né à Bruxelles, le 15 mars 1837, fils de
   Jacques-Louis-Joseph-Jean, et de Sophie-Isabelle-
   Louise-Ghislaine *Diert*;

2° Charles-Justin, né le 20 mars 1852, mort à Bruxelles,
   le 1er mai 1864 ;

3° Berthe, née en 1856.

MATHELIN (DE)

CHARLES par la grâce de Dieu roi de Castille, salut.

De la part de notre cher et bien amé Jean *Mathelin*, seigneur
de Mabompré, en notre duché de Luxembourg, nous a été très
humblement remontré qu'il et ses prédécesseurs avaient toujours
vécu en gens d'honneur dans la religion catholique, apostolique
et romaine, et rendu de bons et fidèles services à notre couronne
tant en charge de guerre que de justice, comme Henri et Marti .
Mathelin, ses oncles, l'un en celle de conseiller de notre conseil
provincial au dit Luxembourg par l'espace de trente et un ans,
et l'autre en celle d'échevin de la ville de Bastogne; Jean
Mathelin, son père, en qualité d'officier de la terre et seigneurie
de Rolé, l'espace de trente ans, et Nicolas *Mathelin*, l'un de ses
frères, de capitaine et sergent-major du régiment du baron de
Metternich, à la surprise de Trèves, en l'an 1635, et à l'attaque

et prise du château de Hermeysten, dont il aurait eu depuis le commandement, et durant icelui enlevé un général d'artillerie et plusieurs capitaines et officiers, de l'armée suédoise ; qu'à leur exemple il aurait assisté Charles *Mathelin*, son autre frère, à introduire, en l'an 1657, quantité d'armes et de munitions dans notre ville de Luxembourg, au péril de leur vie ; nous suppliant, pour ces considérations, qu'il nous plaise de lui accorder et à sa postérité nos lettres de noblesse, au port d'un écu de gueules à un double nœud d'amour au las entrelassé d'argent, sommé d'un casque d'argent, grillé et liséré d'or, cimier un chien bracq naissant au naturel, colleté d'or, entre un vol adossé aussi d'or, les bourlet et hachements aux émaux de l'écu. Savoir faisons, etc... Madrid 1er janvier 1681.

La veuve de feu Charles Mathelin, en son vivant échevin et homme de fief de la haute cour de Durbuy, fut anoblie pour elle et ses enfants le 5 juillet 1672.

Jean Charles Mathelin, seigneur et haut justicier au pays de Luxembourg, fut anobli le 8 janvier 1677.

SALM (DE)

ARMES : De gueules à deux saumons adossés d'argent, accostés de quatre croisettes du même.

Vers le milieu du xie siècle, la famille des comtes de Salm déjà fort ancienne à cette époque reculée, se divisa après la mort du comte Théodoric (1040), en deux branches, dont le comte Théodoric-Henri, l'un de ses fils, eut le Haut-Salm (*Ober-Salm*) avec le château de Salm dans le Wasgau, entre l'Alsace et la Lorraine. Le second, Charles, eut le Bas-Salm

(*Neider-Salm*) avec le château et la chatellenie de Salm dans les Ardennes, aux frontières du territoire de Liége et du Luxembourg.

La branche de Henri, comte du Haut-Salm, s'est divisée aussi en deux branches; dès le commencement du xviiᵉ siècle, la partie de l'Ober-Salm, appartenant à l'aînée de ces deux branches a passé par suite d'alliance à la maison de Lorraine; la souche de ces sous branches s'est éteinte en 1784. Elle avait possédé le comté de Neubourg sur l'Inn en Autriche. L'autre partie de l'Ober-Salm fut transportée à la maison des Wildgraves et des Rhingraves, en 1495, par le mariage de Jeanne, comtesse de Salm, avec Jean V Wildgrave et Rhingrave, cette union produisit une nouvelle maison princière de Salm. La branche sortie du second fils de Théodoric, connue sous le nom de Salm-Ardenne ou Luxembourgeoise, finit en 1413, en la personne de Henri IV Elle a été relevée par Jean IV, comte de Reifferscheid, descendant de Gerlach, fils cadet du comte de Limbourg Henri II, de sorte que la maison de Neider-Salm, *Salm-Reifferscheid*, est aujourd'hui la seule des descendants en ligne mâle de l'ancienne maison de Salm; aussi les princes de cette illustre famille, s'intitulent-ils *Anciens comtes de Salm*.

En 1629, cette maison produisit deux nouvelles branches : l'aînée, obtint Salm et Reifferscheid ; elle se divisa en trois branches nouvelles :

1º Salm-Reifferscheid-Krautheim ;
2º Salm-Reifferscheid-Hainspach ;
3º Salm-Reifferscheid-Raitz.

La seconde, reçut Dyck.

Nous publierons incessamment l'histoire généalogique, complète et très détaillée, de cette antique et illustre maison.

THIBAULT

Armes : De gueules à un serpent noué et enlassé d'or ; au chef cousu d'azur, chargé de trois étoiles d'or. *Cimier :* Le serpent de l'écu issant hors des grilles du casque. *Supports :* Deux levrettes d'argent, colletées de gueules, cloué d'or, le tout posé sur un monticule de sinople.

La famille Thibault a possédé pendant longtemps des emplois distingués à la cour souveraine du duché de Bouillon.

Albert Thibault, conseiller et procureur général de la cour souveraine de Bouillon, fut anobli par lettres patentes du 3 novembre 1702.

Godefroid-Maurice, par la grâce de Dieu, souverain duc de Bouillon, vicomte de Turenne, duc d'Albret et de Chasteau-Thierry, comte d'Auvergne, d'Evreux, de Negrepelisse et du Bas-Armagnac, vicomte de Castillon, baron de Latour, de Montgaçon, Cazillac, etc., pair et grand chambellan de France, gouverneur et lieutenant-général pour Sa Majesté Très-Chrétienne du hault et bas pays et province d'Auvergne, à tous présents et advenir, salut :

Les princes ayant toujours reconnu par une singulière et rare prudence que l'honneur estoit le plus fort moyen qui pouvoient exciter leurs sujets aux belles et généreuses actions et s'i porter dans les actions les plus importantes pour leurs services, auraient pris soin particulier de décorer et élever à des rangs d'honeur, selon les degrés de leur mérite ceux qui s'estoient rendus recommandables par leurs vertus. En quoy voulant les imiter et mettre en considération les belles qualités qui sont en la personne du sieur Albert Thibault et les grands services qu'il nous a rendus depuis que nous l'avons pourveu de l'office de notre conseiller procureur général de notre cour souveraine de Bouillon, et voulant user envers luy les mêmes gratitudes, et honneurs que nous accordons à ceux de son mérite et le décorer d'une marque si advantageuse et honorable qu'elle puisse publier non seulement ses vertus, mais encore passer à la postérité, à ces causes, de notre grâce spéciale, pleine puissance et authorité souveraine, nous avons, par ces présentes signées de notre main, ledit sieur Albert Thibault, ses enfants, postérité, nays et à naître en loyal mariage, annobli et annoblissons, et du titre de gentilhomme décoré et décorons, voulons et nous plaist qu'en tous lieux et endroits, tant en jugement que dehors, ils soyent tenus et reputtés pour nobles et gentilhommes, et comme tels prendre la qualité d'Ecuyer, et puissent parvenir à tous degrés, dignités, tiltres et qualités réservées à la noblesse, jouir et user de tous les privilèges, prééminences, honneurs, franchises et exemptions dont jouissent les autres nobles de nostre duché et souveraineté de Bouillon, tant qu'ils vivront noblement et ne feront acte derogeant, tenir et posséder tous fiefs, terres et seigneuries qu'il a et pourra acquerir cy-après de quelque tiltre, noms, qualité et nature qu'ils soyent, de porter armes timbrées, telles qu'elles sont cy-empreintes, icelles faire graver, pindre et insculper en ses maisons, terre et seigneurie qu'il trouvera bon estre, le tout ainsi que si le dit sieur Albert Thibault et ses enfants estaient issus de noble et ancienne race; si donnons à nos amés et feaulx conseillers les gens tenant nostre cour souveraine de Bouillon que ces présentes nos lettres d'annoblissement ils fassent enregistrer et du contenu d'icelles jouir et user le dit sieur Albert Thibault et ses enfants, nays et à naistre en loyal mariage, pleinement et paisiblement et perpetuellement, car telle est nostre volonté; en tesmoignage de quoy nous avons fait sceller ces présentes et icelles faict contresigner par nostre conseiller et secrétaire ordinaire de nos commandements. — Donné à Versailles, le troisième novembre mil sept cent deux. — est signé : Godefroy Maurice.

Et plus bas sont peintes des armes portant de gueules à un serpent noué et enlassé d'or, au chef cousu d'azur chargé de trois étoiles d'or, timbré d'un casque en face d'argent doublé de gueules, accompagné du bourlet et du lambrequin des émaux de l'écu. — Ayant pour cimier un serpent d'or issant hors des grilles du casque et pour supports deux levrettes d'argent, coltées de gueules cloué d'or, le tout posé sur un monticule de sinople.

Elles furent enregistrées le 5 décembre 1702.

Pierre Thibault, conseiller et substitut du procureur général près la même Cour, fut aussi anobli par lettres du 8 juin 1716.

Louis Thibault, conseiller et président de la Cour souveraine de Bouillon fut aussi anobli le 16 janvier 1751.

Jean-Bellocq Thibault, obtint même faveur par lettres du 18 février 1752, de Charles-Godefroid, souverain duc de Bouillon, etc., etc.

TRAUX (DE)

Armes: D'argent à cinq fusées de gueules, rangées en fasce, celle du milieu chargée d'une fleur de lis d'or. *Cimier*: Un daim naissant de sable accorné d'or.

Les barons portent la *couronne* de leur grade, surmontée de trois cimiers: à dextre le *daim naissant* comme ci-dessus; à senestre *un lion naissant d'or, armé et lampassé de gueules;* au milieu *une aigle éployée naissante d'or, ayant la poitrine et les ailes chargées des cinq fusées de l'écu*. Les *supports* sont *deux lions d'or, armés et lampassés de gueules.*

I. Wernard de Traux, homme de fief et échevin de la haute cour de Durbuy en 1526, seigneur d'Ozo par relief du 11 septembre 1484, épousa Périnette ou Pétronille *de Wexy*, dont il eut Jean, qui suit.

II. Jean de Traux, seigneur d'Ozo par relief du 6 juillet 1530, mort le 4 février 1560, enterré à Barvaux où l'on voyait son épitaphe avec quatre quartiers, épousa Jeanne *de Longueville*, fille d'Engelbert, et d'Isabeau de Marchin.

III. Leur fils Baudouin de Traux, seigneur d'Ozo, épousa Jeanne *de Roumont*, dont il eut Baudouin, qui suit.

IV. Baudouin de Traux, seigneur d'Ozo, et d'Izier par relief du 14 mai 1570, laissa de sa femme Jeanne *de Tassia:*

V. Baudouin de Traux, seigneur d'Ozo par relief fait la nuit de Saint-Laurent 1600, marié à Jeanne *de le Fève*. De ces derniers naquit Baudouin, quatrième de ce nom, qui suit.

VI. Baudouin de Traux, homme de fief de la haute cour de Durbuy, seigneur d'Ozo par relief du 25 août 1635, s'adressa en 1636, à la cour féodale du château de Durbuy à l'effet d'obtenir de ce siége une sentence officielle constatant sa filiation. Sa supplique était libellée en la forme suivante:

« Supplie messire Baudoin de Traux, homme féodal et échevin de la haute cour de Durbuy, qu'il a intérêt de faire preuve devant vous de sa filiation en remontant depuis cejourd'hui jusqu'à Vernard de Traux, homme de fief et eschevin de ladite haute cour, chef en son tems de la maison de de Traux, auquel effet il joint tous ses tiltres à la présente requisition, par lesquels il paroit qu'il a eu pour père Baudouin, allié avec Jeanne de Lefève, que le père dudit Baudouin était un troisième Baudouin, allié avec Jeanne de Tassia, que le père dudit troisième Baudouin estoit un quatrième Baudouin, allié avec Jeanne de Roumont; que le père dudit quatrième Baudouin estoit Jean, allié avec Jeanne de Longueville; qu'enfin le père dudit Jean estoit Vernard, allié avec Pétronille de Wezy, chef en son tems de la maison de de Traux; pour le tout considéré et examiné, il vous plaise, messieurs, dire et déclarer que le suppliant descend en ligne directe de Vernard, homme de fief et eschevin de la dite cour, vivant vers la fin du xve siècle; en conséquence ordonner que vostre déclaration et jugement à rendre sera couché dans les registres de la dite haute cour. Quoi faisant, etc. »

La requête et les pièces jointes ayant été remises au procureur d'office « pour y dire ce qu'il trouvera convenir » ce dernier déclara « ne savoir cause vallable pour empescher la demande du suppliant. »

Cette formalité remplie, le jugement fut prononcé dans les termes suivants.

« Nous Jean de Grandhan, prévost de Durbuy pour mon très-honoré seigneur Maximilien, comte d'Ostfrise, et nous les eschevins de la haute cour féodale de Durbuy, savoir Everard Sarter, Jean de Brialmont, Raes de Stordeur, Guilt de Chisson, Nicolas de Quelin, Georges Verderen, tous eschevins d'icelle cour, salut. Savoir faisons à un chacun et tous ceux qui ces présentes voiront, que vue la requeste présentée par messire Baudouin de Traux, homme de fief et eschevin d'icelle cour, le 3 mai 1636, aux fins qu'il pleust à la cour de le dire et déclarer descendre en ligne directe de Vernard, homme de fief et eschevin de ladite cour, chef en son vivant de la maison de de Traux; l'ordonnance couchée en marge portant que ladite requeste avec les pièces jointes et y attachées faisant preuve de la descente du demandeur, seroit mise ès mains du procureur d'office pour y dire ce qu'il trouveroit convenir; les conclusions dudit procureur, les tiltres et productions dudit demandeur; tout considéré, la cour a dit et déclaré, dit et déclare ledit demandeur descendu en ligne directe de Vernard de Traux, chef en son vivant de la maison de de Traux, permet au suppliant d'en porter le nom dans tous les actes qu'il passera; ordonne que le présent jugement sera couché sur les registres ordinaires de ce siége. En oi de quoi nous avons fait mettre nos sceaux ordinaires à ces présentes et icelles fait signer par le greffier de cette cour. Ainsi fait et prononcé en jugement en chambre prévostale de Durbuy le 5 mai 1636. »

Baudouin de Traux épousa Marguerite-Catherine *Martini* d'Épigné, dont il eut un fils, qui suit :

VII. Louis de Traux, lieutenant prévôt de Durbuy, né en cette ville le 9 septembre 1658, épousa par contrat du 26 janvier 1690, passé devant le curé de Heyd, Anne-Marie *Pricque* de Lambrée, fille de Lambert, échevin et greffier de la haute cour de Durbuy et d'Anne *de la Reve*. Il mourut le 2 mai 1727, et fut enterré en la chapelle d'Ozo, paroisse d'Izier, où l'on voyait son épitaphe, conçue en ces termes :

Cy gist messire Louis DE TRAUX D'OZO, *en son temps lieutenant prévôt de Durbuy, né l'an* 1658, *de noble homme Baudouin* DE TRAUX, *et de Catherine* MARTINI D'ÉPIGNÉ, *qui trépassa de cette vie en* 1727, *le deuxième jour de mai. Quartiers : de Traux, Le Feve, Martini,......*

VIII. Charles de Traux, fils du précédent, fut conseiller au conseil provincial de Luxembourg et obtint par lettres patentes du 27 février 1744, la charge de procureur général au même conseil. Il épousa à Saints-Nicolas et Thérèse à Luxembourg, le 21 janvier 1715, Reine-Thérèse *Schannat*, fille de Jean-Georges, et de Jeanne *de Vervo*, dont il eut entre autres enfants :

1° Jacques-Louis, qui suit ;

2° Célestin, prêtre et chanoine honoraire du chapitre de Sainte-Sophie en l'église cathédrale de Kiovie, par lettres patentes du 25 octobre 1795;

3° Marie-Reine-Cécile, mariée à Pierre-Joseph *Posson*, mort le 22 avril 1777, greffier du conseil provincial de Namur, fils de Nicolas-Guillaume, conseiller au conseil provincial de Namur, et de Marie-Barbe *Chauveau.*

IX. Jacques-Louis de Trœux de Wardin, baptisé à Saints-Nicolas et Thérèse à Luxembourg, le 27 mai 1725, mayeur hériditaire de la ville et mairie de Bastogne, seigneur de Hondelange et de Braz en partie, substitut procureur-général au conseil provincial de Luxembourg, épousa en la chapelle du château de Schrassig le 2 juillet 1746, Marie-Anne *de Favre de Confignon* (d'azur à la fasce d'or, accompagnée en chef d'une fleur et en pointe d'un fer à cheval), décédée le 11 octobre 1805, et inhumée sous une pierre portant l'inscription suivante :

Ici reposent les corps de Madame Marie — Anne de Traux, née de Favre de Confignon — Ci-devant dame de la ville et Mairie de Bastogne décédée le 11 août 1805 — et de M Jean-Baptiste de Traux son fils, — décédé le 14 mars 1794 — et de M*lle* Marie-Josèphe-Célestine de Traux, — sa fille décédée le 18 octobre 1805. — R. I. P. — et de M*lle* Marie-Josèphe-Charlotte de Traux, décédée le 5 août 1822.*

Leurs enfants furent :

1° Charles-Léopold, qui suit ;

2° Pierre-Joseph, qui suivra après la descendance de son frère ;

3° Jean-Baptiste, décédé le 14 mars 1794 ;

4° Marie-Josèphe-Célestine, décédée le 18 octobre 1805.

X. Charles-Léopold de Traux de Wardin, conseiller au conseil provincial de Luxembourg, par patentes du 3 décembre 1785, épousa à Arlon par contrat du 5 avril 1777, Marguerite *de Koeler*, fille de Jean-Baptiste, et d'Anne-Marguerite Wiltz de Dorn, et de ce mariage sont nés :

1° Marie-Agnès, baptisée à Arlon le 7 juin 1778, mariée le 22 janvier 1794, à Jean, baron *de Zoph* et du Saint-Empire, chevalier de l'ordre de Marie-Thérèse, feld-maréchal lieutenant au service impérial ;

2° Ludwine, baptisée à Luxembourg, le 15 novembre 1781, décédée le 26 juin 1826, mariée à Antoine-Bernard-Pascal-Félix, baron *de Wucherer de Huldenfeld* et du Saint-Empire, décédé le 5 janvier 1836, fils de Bernard-Guillaume-Frédéric, et de Marie-Thérèse, baronne de Draeck.

X*bis*. Pierre-Joseph de Traux de Wardin, baptisé à Saints-Nicolas et Thérèse à Luxembourg, le 10 mai 1761, chevalier honoraire de l'ordre de Malte, par bref donné par le Grand-Maître à Trieste, le 1er mai 1799, seigneur de Biedermannsdorf, en Autriche, fut créé baron par lettres de l'empereur François II du 26 avril 1803 et décéda à Biedermannsdorf le 15 mars 1825. Il avait *épousé* Sophie, baronne *de Hora d'Opellowitz*, morte à Biedermannsdorf le 14 avril 1812, dont il eut un fils qui suit.

XI. Wenceslas-Jacques-Célestin-Pierre, baron de Traux de Wardin, né à Vienne le 24 avril 1800, naturalisé dans le royaume des Pays-Bas par arrêté royal du 17 novembre 1829, major de cavalerie au service de Belgique, obtint reconnaissance du titre de baron, transmissible à tous ses descendants, par lettres patentes du 15 mai 1845.

Il épousa à Jodoigne-Souveraine le 12 décembre 1843, Octavie-Joséphine-Madeleine-Henriette, comtesse *de Glymes de Hollebecque*, née à Charleroy le 2 août

1816, fille d'Henri-Ferdinand-Ernest-Joseph , comte de Glymes de Hollebecque, chevalier de l'ordre de Léopold, et de Marie-Thérèse-Antoinette-Josèphe *de Villers*.

Il est mort le 6 août 1850, laissant un fils unique:

XII. Gaston, baron de Traux de Wardin.

INDEX

Streghen (de), 151.
Superiori (de), 200.
Surmont (de), 121.
Swaesken to Rande, 150.
Tartre (du), 60.
Tassia (de), 211.
Tassigny (de), 64.
Tenremonde (de), 128.
Teutingen, 52.
Thian (de), 6.
Thibault.
Thiennes (de), 197.
Thiry, 74.
Thone-le-Thil (de), 41.
Tomboy d'Enghien (de), 58.
Tornaco (de), 203.
Tourmignies (de), 125.
Trazegnies (de), 72, 123.
Tresca (de), 45.
Trickart, 127.
t'Serclaes (de), 118.
Tuschenbroek (de), 93.
Uffels (van), 132, 135.
Vallée (la), 137, 140.
Vance (de), 53.
Vancleroy (de), 40, 200.
Vecquemans, 193.
Veen (van), 143.
Velde (van), 122.
Velpen (de), 58, 181.
Verleumont (de), 82.
Vervoz (de), 57, 59, 213.
Vicq de Cumptich (de), 37.
Vilain, 118, 119.
Villain XIIII, 71, 204.
Ville (de), 12.
Villegas (de), 139.
Villers (de), 216.
Villers-Masbourg (de), 57.
Villiers (de), 3.
Villy (de), 42, 48.
Vinchant de Milfort (de), 136.

Vinck, 174.
Virelles (de), 126, 127.
Viron (de), 146.
Vlaederaken (de), 143.
Vlierden (van), 144.
Voorst (de), 165.
Vriese (de), 148.
Vucht (van), 142.
Vulder (de), 54.
Wachtendonck (de), 113.
Wadripont (de), 66.
Waerseggers (de), 114.
Waha (de), 13, 41, 57, 60.
Wal (de), 22, 48, 57.
Walekiers, 136.
Walhem (de), 123.
Walter (de), 45.
Warck (de), 53.
Warfusée (de), 6.
Warnant (de), 58.
Waroux (de), 143.
Wassenberge (de), 86.
Wassinhat (de), 51.
Wastinhac (de), voyez Wassinhat.
Waziers (de), 195.
Weert (de), 14.
Wernenbourg (de), 124.
Werve (van den), 118.
Wevelinchoven (de), 98.
Weyder (de), 17, 18.
Wezy (de), 210, 212.
Wilre (de), 105.
Wiltheim (de), 8.
Wiltz (de), 44, 49, 214.
Wingaerden (de), 116, 132, 145.
Winckel, 170.
Wismuler, 167, 171.
Wissocq (de), 6.
Witthem (de), 143.
Wittert, 193.
Witry (de), 57.

CE DOCUMENT A ETE TROUVE DANS LE VOLUME

. Sy
de Kessel

ORDONNANCE ROSE

COMPAGNIE
DES CHEMINS DE FER
DE L'EST

CAISSE DE PRÉVOYANCE DE 1870

Mercy — argenteau

SERVICE MÉDICAL

EST — MOD· 125

Ordonnance pour M_____

N° 4

Florimond d'Allamon cher seig. de
chauffour, Champy, neuville, Vren
Savigny colonel de cava al. au service
du duc Charles de Lorrain, gouv. de
Toul & mouson epouse

Anne marguerite d'argenteau fille de Floren
et d'anne de Brandenbourg

Tous : marie Christine d'allansos
mariée a Pierre Ernest baren de Mercy
vers 1600 ou 1650

p. 21 Eugene albert bon de Breck
marié le 20 nov 1684 à anne de Boetzelaer
dame de Savigny ... Sapagne fille de N. de P.
et d'Eve d'argenteau

23
Jean ... Treyer baron marée à dame de Kessler
d'où ... anne Elisabeth, mariée à
1° henri henriques 2° le 18 dec 1731 à
2o zeph Philippe hyacinthe duc de Cos warem Loos
fils de Jean hubert et de marguerit d'argenteau

Louis ... Emanuel de Lavisse
élu souverain du luxembourg en
1711 — et le recocede en 1715

Voir au dos.

der Everlange, allié au Lurdenon de ville
sous Seigneur de ..... Sefila
67

De ~~Kessel~~ ^{by} Kessel, Livre d'or de la noblesse Luxembourgeoise ?ilon

Instructions à conserver par le malade 1869

p. 4 ARMOISES

Antoine d'Allamont (le gr. Malaudry)
époux Ide de Custine 630 déc. 1567
deux enfants
premier: François d'A. ép. Claudine de Houx
doit 4 enfants :
    Claudine épouse Philippe des Ar..
Armoises seig. d'Hanonville

Colard de Custine de Lombut
1447 ép. 4 mars 1447 Marguerite de Villy, dame
d'Sufflance, Villy, doit ? enfants
1° l'aîné françois, seig. de Custine
Lombut, premier ??? du comté de Rochefort
épouse Idelette de Nice, fille de
Guillaume et de Béatrix des Armoises
— ??? enfants Agnès, mariée à Christophe
des Armoises.
2° Agnès mariée à Henri des Armoises

1666 Philippe-françois du Faing, baron de
Jamoigne, seig. de Hassell .... marié à
Pétronille Isabelle Wosel ✝ 7 juil. 1686
doit 1° Lamberte Constance du Faing
mariée en 1684 à   Recommandations Importantes
Charles, comte des Armoises, ??? d'Aunoy
conseiller d'état du duc Leopold de Lorraine.

de Wepel . Luxembou . Sedan

(41)

(Custine près Charleman)

françois de Custine sire de Condun
et de Dramery épouse Agnes de Thom le Vhil
dom ...... Henri ; Seig. de Niviers
épouse le 15 ou 1490 Alix de Saulley
(d'Esne) ... dom ...... Ermangarde
de Custine mariée à Jean de Luxembourg

Custine : d'argent à la bordure
coticée de sable ; écartelé de même ;
semé de fleur de lis d'argent

www.ingramcontent.com/pod-product-compliance
Lightning Source LLC
Chambersburg PA
CBHW062212270326
41930CB00009B/1717